沉浸日本之旅

75%旅行・25%生活

南日本篇

吳寧真 著

每一個……屬的故事，

謙卑……然、土地、人文的回音。

作者序

「理想的人生就是，隨著櫻前線北上，伴著楓前線回來。」大學一年級上日本美術史時，美術老師這麼說，我深受感動，從此養成了追著櫻花和楓葉旅遊的興趣。

旅行是很需要契機的，我人生中有幸碰過許多這樣的引導，例如我小時候，家母一個人跑去環遊法國一個月，這可以說是我最早對旅行產生憧憬的瞬間；例如出國留學前，吳德亮叔叔贈送給我旅遊散文集《靜岡・伊豆：川端康成泡溫泉》，我讀了之後非常嚮往，多次跑到靜岡縣去泡溫泉，想像自己是個養病的文豪，旅館老闆娘把我從被窩裡抖出來，是為了催我趕稿。

旅遊是心靈的養分，能讓我們暫時脫離沉重的現實，得到療癒的機會，短暫的逃避之後，才有更多的勇氣面對明天。能寫這本書我非常高興，藉著分享旅程，回憶起行程中的所有美好。謝謝出版社給我這個機會，也感謝支持我的家人和給我指引的長輩、大老遠跑到日本來找我出門玩的臺灣友人們、充滿熱情帶我到處玩的日本友人們，也謝謝翻開這一頁的您，希望書中的某一個畫面或文字，能成為旅遊的契機。

在旅行之中，我最喜歡的就是長途旅行了，像是花上十幾二十天去短暫地體驗另一種人生，往往會帶來洗滌日常累積的塵埃、讓生命煥然一新的奇妙感受。

可惜的是時間總是很難湊，結束擁有漫長假期的學生時代，開始工作之後，有無數待處理的事務追著我跑，每到寒暑假前，我都艱難地告訴自己：「下個假期一定要規劃出去玩……！」不知不覺回臺灣已經快三年了，旅行箱仍被塞在櫃子深處。

前些日子與別系的德文老師閒聊，他分享給我暑假在德國玩的照片，相簿一打開，他的雙眼煥發起快樂的光芒，每張照片都有說不完的美好回憶，短短的下課時間根本不夠聊，鐘響了，他遺憾地闔上相簿，「你得出去旅行，真的，你一定得去，否則你會燃燒殆盡的。」最後，他這麼說。

如果不是旁邊有學生走來走去，我大概當場就哭了，是像委屈的孩子那樣，揉著眼睛泣不成聲的哭法。

回到家，我打開了訂機票的網站，記不起帳號密碼讓我手足無措了一陣子，接著是訂房系統、景點搜尋、路線規劃……我不再那麼熟練了，有些氣惱自己的笨手笨腳，但隨著旅遊計劃逐漸完整，我也一點一滴快樂了起來，我想起了那句話：「從著手準備旅行的瞬間，旅行就已經開始了」，我看見了那條延伸出去的路，我聽見胸腔裡什麼東西劈啪作響——是火，是死灰復燃的聲音。

走，我們去旅行吧！如果日常令人窒息，也不要熄滅在黑暗裡，走吧，走遠一點，看看山頂壯麗的日出、海上孤懸的月、從穹頂落入湖面的星光，還有寧靜黑夜中喧囂的萬家燈火，世界上處處都有光，能照亮哪怕是最深處的寂寞。

拖著疲憊腳步，心滿意足地邁向家門時，我總是有種錯覺，好像人生重新啟動過一次，我的身體裡燃燒著元氣十足的火焰。

又或者那並不是錯覺，那就是旅行賦予我的柴火，出航是浪漫，而歸家是勇敢。

吳寧真

吳德亮（兩岸知名作家／詩人藝術家）

疫情肆虐全球，哪裡也去不得，懷念可以到處旅行寫作的快樂時光，好友麗娟適時寄來一本旅遊書《沉浸日本之旅》的部分PDF檔，作者是吳寧真，好熟悉的名字。讓我從六月臺北攝氏三十五度的高溫，瞬間徜徉在櫻花簇簇或大雪紛飛的日本綺麗時空，更勾起十多年前的記憶。

二〇〇九年開春，曾任《茶撰》總編輯的麗娟從臺中偕同愛女吳寧真來訪，高中畢業不久的她告知即將赴日留學，臉上掩不住的興奮加上堅毅的眼神，讓我特別取出自己的《靜岡伊豆》與《日本之醉》兩本日本旅遊著作相贈，期勉她在日本「讀萬卷書」之餘，更可以「行萬里路」。

時光荏苒，當年的小女生今天不僅風光學成歸國，已任教於中部某大學，當年的贈書還激發她成了頂尖的旅遊達人　無論是否我的無心插柳（竊喜），在她長達十多年的留學歲月，利用假日與打工所得幾乎跑遍了整個日本，而且寫作與攝影齊發，出版十四萬字、圖文並茂的旅遊大書《沉浸日本之旅》，分為北日本（北陸以北直達東北、北海道）與南日本（東海道至京都、奈良、大阪及九州、四國、沖繩）兩冊，其中有我曾經旅行採訪或製作電視《大腳丫遊記》節目的足跡，更多的是我從未去過的名城、名山與名湯，驚人的毅力令人佩服，更多的是滿滿的感動。

細看她寄來的PDF檔，有當代文學大師三島由紀夫《天人五衰》筆下的「三保松原」，有諸貝爾文學獎得主川端康成《伊豆的舞孃》與推理小說家松本清張《天城山奇案》筆下的天城山；也有日本第一茶鄉金谷，深受國人喜愛的箱根溫泉、熱海溫泉與由部院溫泉；以及岡山後樂園、大阪通天閣、橫濱拉麵博物館、沖繩首里城等，儘管多是我曾到訪拍攝過的地域，卻完全顛覆我過去的印象，再度深深吸引了我，除了時空變換而有更新的描繪，更栩栩如生地呈現眼前，讓所有未曾去過、已經去過或正準備出發前往日本旅遊的朋友深深嚮往。特別的是她的視角不同於一般旅遊書，也沒有時下年輕作者的浮誇，更非單純的平鋪直敘，文筆節奏輕快沈穩而充滿趣味，景物的拍攝尤其精準突出，很快就能讓讀者產生共鳴，這是本書最成功之處，當然更要鄭重推薦予你囉！

愛好旅行的人，體內總潛藏著好奇的、想到天涯海角流浪的基因。

小時候，我看到電視螢幕裡金曲獎主持人洪小喬唱著：「風吹著我像流雲一般，孤單的我也只好去流浪，帶著我心愛的吉他，和一朵黃色的野菊花……」，流浪的浪漫因子就這樣感染到我腦海裡，比起探究寬邊帽底下洪小喬的廬山真面目，我更有興趣的是：到哪裡去流浪好呢？

我們總是用知名建築物去標示對於地圖的記憶，對於去過的、還未去過的地方，除了路名，我更喜歡用餐廳、咖啡店、烘焙店、博物館、教堂景點來標示腦海中的圖庫，比如某某所在有一處最佳手沖單品咖啡的庭園店，那便是導引我的鮮明旗幟，在法國，它是；在日本，有正宗抹茶席的茶屋也是，所以我曾有九州茶席與陶藝之旅，留給自己無限的回味。

跟著小女寧真走訪東海道等等地方，因著她可以直接與當地人溝通的日語，我擺脫了浮光掠影一遊的過客身分，竟然在下榻旅店或落坐居酒屋種種時刻逐漸有了歸屬的溫暖感，這肯定不是借助ChatGPT即時翻譯所能比擬的，因為比起交流更重要的，是心態，感受融入社會文化、驗證風俗生活的樂趣，才能享受到沉浸其中的體驗。

人生苦短，不妨讓《沉浸日本之旅》喚醒您流浪的欲望，拎起行囊，向前走一遭。

林麗娟

Chapter 1、東海道篇

Chapter 2、古蹟及日式庭園篇

Chapter 3、溫泉篇

Chapter 4、登山篇

Chapter 5、散策篇

Chapter 1
東海道篇

長途旅行，悠然啟航

橫濱紅磚倉庫

前往天涯，或者朝向海角，走一條長長的古道，聆聽千百年前旅人的故事，每一次遠航，都是一首浪漫的長詩，浮世繪與和歌細膩的描寫，都比不了雙腳踏上旅程起點的那一刻，揹上行囊，是為了美景、為了美食，也為了到達更遠的彼方。

信樂陶藝村

伊勢神宮

名古屋城

三嶋大社

熱海溫泉

長途旅行與東海道

一般出國旅遊，選擇一個區域，在該區域內四處遊玩，是最省錢省力的方式了。相對於這種定點旅行，耗費金錢、時間、精力以跨越廣袤國土的旅程就是長途旅行。

許多人設想長途旅行最重要的是行程規劃能力，確實企劃力很重要，但計畫永遠是趕不上變化的，我自己覺得最重要的品質是冷靜，當發現發展不如預期，一定不能慌亂，要是可以臨機應變，那就趕緊換方案，要是無法再做改善，也要有隨遇而安的心態，千萬不要旅伴之間急紅了眼互相責怪，不然旅行不開心，友情又破裂，真是得不償失。相反地，如果大家都能放寬心態，旅行就會變得從容，狀況生變不過是上天的考驗，也說不定新行程更好，還是意外的禮物呢！

由於長途旅行不易掌控，大部分的觀光客敬而遠之，也許認為這是深度遊的一種形式，也許認為這是自討苦吃，但長途旅行自有其浪漫，是定點旅行難以想像的。

所以何不來體驗一下東海道之旅呢？也許能發現全新的世界。

東海道？不熟悉日本文化的人可能會對這個名詞感到陌生，但把方位換一下，有沒有聽過這個地名呢？沒錯，眾所周知的「北海道」，事實上是「北海・道」喔！「道」是一個行政區域劃分，類似「臺中市」、「彰化縣」的「縣、市」。

日本古來有「五畿七道」的行政劃分，「畿」是什麼呢？好比如今也使用的「近畿地方」（相當於關西地區），畿就是京城，「五畿」也叫做「畿內」，涵蓋舊國名「大和、山城、攝津、河內、和泉」這五個地方，大約相當於現今的京都、大阪、奈良、兵庫等一部分地區，是當時的行政中心。

五畿之外，又將日本本島、九州、四國，按照地理位置，區分為：東海道、東山道、北陸道、山陽道、山陰道、南海道、西海道，這就是七道了。而東海道就包含了現在的茨城縣、千葉縣、埼玉縣、東京都、神奈川縣、山梨縣、靜岡縣、愛知縣、三重縣等地，是日本東南方、面臨太平洋的這片位置。

這時候就會有人說：「等等！北海道去哪了？」沒錯，五畿七道不包括北海道，直到明治時代，日本才設立北海道這個行政區域，改稱「五畿八道」，所以北海道是最新的，反而留到了現在，其餘的七道都已被拆分為更小的單位了。

雖然已經不再使用五畿七道的行政劃分，但這些舊國名、舊令制其實仍偷偷留在日本文化之中，常常讓我們外國人摸不著頭緒，例如說「東海道新幹線」，這是哪一條新幹線呢？一般日本人一看就知道指的是從東京站到新大阪站的高速鐵路，而我們就得稍微查一下。

講到這裡，東海道究竟有什麼好玩的呢？再仔細看一下地理位置吧！東海道是連結關東地區到關西地區——也就是當時候「京城」的道路，所以，這原本是一條上京的超級古道，無數人走過這條道路，也就有無數的淚水、歡笑與歷史故事。

平安時代，日記名著《更級日記》作者的父親到上總國（今千葉縣）赴任，任期結束後走東海道返回京城，作者在書中詳細記錄了這段旅程。鎌倉時代，從幕府所在地鎌倉（位於今神奈川縣）往返朝廷所在地京都的人們不知凡幾，大量的旅行紀錄被留下，《海道記》、《東關紀行》、《十六夜日記》等紀行文學都是在此時現身文壇，民營旅館也開始大為興盛。

到了江戶時代，由於德川家康建設江戶，「東海道」已經不是做為一個行政劃分，而是做為一段連通道路發揮其重要價值，德川幕府大力修整通往京城的道路，並在沿途建設「宿場」以供傳遞信件或休息，這五十三個宿場，便稱為「東海道五十三次」，其各有特色的風景，受到文人畫家們的喜愛，常成為浮世繪、和歌等的題材。

既無新幹線也無飛機的古人們，一步一腳印地走在東海道上，旅行是緩慢的、艱辛的，但也是深刻的，每一幀風景都充滿能夠仔細品味的細節，每一分、每一秒，都對這場旅行無比重要。不只是文化傳承，還有各地的風光美景，屬於不同地區、季節的桌上佳餚，從特色小吃到山珍海味，無不令人滿心雀躍。

長途旅行有長途旅行的浪漫，因為承載歷史文化，所以擁有無限的情壞，因為艱難，才更有成就感，走一趟東海道，發思古之幽情，眺望過去，會發現古今中外的旅行者皆然，在旅途中尋找自己、感悟現在、思考未來，揹上行囊，我活著，我還要走向更遠的地方。

Info

東海道是可以用雙腳走完全程的，如今的日本也有徒步東海道旅行團，但確實耗時頗多，因為要翻越山脈，也比較困難，旅行者可依照自己的方便，選擇新幹線、電車、巴士等工具，來做點與點之間的移動。本章按照地理順序來安排各景點，但並沒有必然的順序，也可以以相反順序旅行，或者挑有興趣的景點進行定點旅行，或者切開成為短途旅行，隨心所欲，自由安排。

東海道五十三次是很多美術作品的題材。

日本橋與品川

東海道的起點是日本橋，如果光看地圖位置，會覺得這座橋好像在東京的很內部，為什麼會成為起點呢？其實以往的江戶比東京的範圍要小，江戶時代的日本橋確實是非常頻繁使用的聯外道路，不只東海道，也是許多不同旅程的起點，一座橋以國名「日本」命名，足見其重要性。

原本的日本橋是木造的，由於火災等理由不斷重建，現在已經變成石橋了，木造或石雕，歷史意義差異不大，在我

日本橋是日本的重要文化財。

們這些旅人看來，橋很美就行，並沒有什麼太大的問題，然而昭和時代日本政府在建立首都高速道路的時候，卻直接把高架道路蓋在日本橋頭上，大大破壞了景觀。

被高速公路遮蔽的日本橋十分難看，還被選為「最醜的景觀百選」之一，這件事讓許多喜愛日本橋的民眾不能接受，例如每年都會自主進行清掃、修補日本橋活動的「名橋日本橋保存會」，該會最大的活動宗旨就是高架道路地下化，還日本橋一片天空。

到了平成年代，造成無數爭議的日本橋與首都高速道路之戰，終於被政府認真檢討，然而首都高速道路地下化的工程需要花費數千億日圓，計畫直接擱淺，當時的東京都知事（相當於市長）還發言說：「把橋移走不就好了嗎？」

▼首都高速公路擋住了欣賞日本橋的視野。

所幸，峰迴路轉，時至今日，鐵路、高架道路地下化成了主流，不只是景觀變好，安全性也更佳，首都高速公路的地下化勢在必行，再過一段時間，日本橋就會重新迎來江戶時代的廣闊天空。

數百年前，從江戶出發準備前往京城的人們，就是從日本橋走向第一個宿場「品川宿」，當時的品川是旅人們的城市，繁榮至極，充滿了飯店、旅館、遊廓，有「北吉原，南品川」之稱。儘管在明治之後鐵道開通，宿場失去作用，品川也因為地理位置優良，持續迎來一波又一波新的住民及開發者。

現在的品川兼容並蓄，如果想要參觀舊江戶「東海道五十三次」的風光，可以到據說是弘法大師開創的「品川寺」，建寺一千三百年，門口的銀杏樹都有六百年歷史，是品川區最古老的寺廟。附近即是「釜屋」的遺跡，釜屋是品川宿的茶屋之一，著名的新選組副長土方歲三，曾率領隊員們在釜屋住宿，再仔細一看，住宿的年份紀錄是「慶應三年」，慶應三年（一八六七年）正是德川幕府末代將軍宣布大政奉還、將權力交還天皇的年份，之後親幕派的新選組屢戰屢敗，走上了滅亡的悲劇之路，看著歷史的分界線，令人不勝唏噓。

如果喜歡現代化的建設，距離羽田機場僅不到半小時路程的品川有無數大型商場、百貨公司、飯店、劇院等商業設施，包準逛到腳軟，不知今夕是何夕。

豐富的一天臨近尾聲，晚餐該吃什麼呢？餐廳也是匯集古今中外，從江戶到現代應有盡有，是要吃「江戶前」肥美海鮮嗎．？還是要吃塞滿水果的大塊歐風蛋糕呢？明天還要踏上漫長的旅程呢！當然是都吃啦！不先填飽肚子，哪有力氣旅行啊？

吃飽喝足，早點就寢，東海道，我來啦！

烤蟹膏鮮香美味。

Info

「名橋日本橋保存會」官方網站，有許多動畫介紹、VR照片等可供鑑賞。
品川寺交通方式：從京濱急行線「青物橫丁」車站徒步五分鐘。

名橋日本橋保存會
官方網站

品川寺
官方網站

神奈川與橫濱

神奈川縣位於東京都的西南方，縣地廣大但是交通方便，是個有山有海的好地方，「神奈川」並不是河川的名字，指的就是這個地區，反而在遙遠的滋賀縣真的有一條河叫做「神奈川」，非常有趣。由於地勢向海突出，扼住通往東京灣——也就是江戶腹地——的海道，自古就是重要的陸上、海上要衝，「東海道五十三次」的「神奈川宿」正在此處。

山下公園很有現代感，摩天輪的日景、夜景都好看。

在橫濱山下公園散步、遠眺海景，心情自然放輕鬆。

在整個神奈川縣裡，橫濱也是相當特別的存在，被神奈川縣民親切暱稱為「ハマ」（hama）的橫濱（Yokohama），是神奈川的流行中心。當時日本結束鎖國之後，第一個向外國人開放的港口就是橫濱港，所以橫濱是最早引進西洋文化，也最早向外國人們傳達日本文化的交流之地，在整個關東之中，最富有異國色彩。

橫濱當然很適合觀光，最好的是住在這附近，每天吃飽了飯，撐一支陽傘，在山下公園裡慢悠悠地散步，藍天白雲、樹影婆娑，走累了就趴在

展示供大家觀賞的冰川丸，船纜上常常停有海鷗。

欄杆上，看看遠處的帆船隨著海浪搖曳，聽聽盤旋的海鷗與海風一同歌唱，陽光把每一根頭髮都曬得慵懶，深深伸個懶腰、哈個哈欠，人生真是太愜意了。

　　山下公園裡面也有許多富外國色彩的雕塑，例如有名的「穿紅鞋的女孩雕像」，這座銅像是來自大正時代的童謠

紅鞋女孩雕像
陪伴旅人眺望港口。

紅磚倉庫廣受大眾喜愛。

「紅鞋子」，背後有段感傷的故事。也可以在這裡閱讀日本的海洋歷史，例如曾經活躍於西雅圖航線、現在被列為重要文化財的「冰川丸」，都很值得一看。

然而橫濱最有名的還是「紅磚倉庫」（赤レンガ倉庫）了，紅磚倉庫是將明治時代的倉庫改建為商業設施，在以木頭為主要建築材料的日本，紅磚十分「洋氣」，平坦的園區裡就這一棟巨大的紅磚建築，看起來極為氣派，裡面有許多精緻的商店、咖啡店，逛逛漂亮的服裝、首飾等，再到咖啡廳歇腳，吃個可愛的小蛋糕，就是一個美好的假日。

如果嫌咖啡、小蛋糕不能填飽肚子，那一定要到「新橫濱拉麵博物館」（新横浜ラーメン博物館），這家博物館的內裝充滿昭和氣氛，洋溢著濃濃的懷舊風情，還有拉麵製作體驗可玩，最重要的是，和其他禁止飲食的博物館不同，拉

來到橫濱，不妨品嚐風味不同的拉麵。

麵博物館，當然要吃拉麵啦！博物館內有來自全國各地的好幾家拉麵店營業，從沖繩到北海道，包準能找出最適合自己的口味，更貼心的是，各家拉麵店還提供迷你拉麵，讓「肚量」不夠的遊客也可以多方嘗試。

說到拉麵，其實橫濱也有屬於自己的當地拉麵，就是「橫濱家系拉麵」，但即使是在本來就口味比較重的拉麵之中，家系拉麵也顯得特別重油重鹹，只能推薦給不怕油的朋友。

橫濱還有一個超級有名，但絕對不推的景點就是中華街，這個充滿中式料理和新奇中式雜貨店的地方，可能是日本人到橫濱必去景點第一名，但對跑出國追求異國風情的臺灣人而言比較尷尬，也不怎麼好玩，吃東西還貴得要命，去過的朋友都搖頭。

不過中華街的歷史對橫濱而言是很重要的，當初橫濱開港通商，與西洋人之間因為文化差異大，也容易產生矛盾，會使用漢字、文化及地理關係與日本相近的華人，就從中仲介，成為了溝通的橋樑，隨後形成華僑居留地，最終發展為廣大的中華街。

每個地方都有自己的歷史與文化，身為交通樞紐的神奈川，擁有「神奈川宿」榮光與最早開港的橫濱，蜿蜒而去的山道和海港，每天送走無數旅人，又迎來更多觀光客，海潮的呢喃是離別與重逢的絮語，離開前再眺望一眼夜晚的港口吧，不知道江戶時代的人們，是不是也滿懷離愁地凝望過同樣的漁火呢？

山下公園交通方式：從みなとみらい線（港未來線）「元町・中華街」車站徒步約三分鐘。
紅磚倉庫交通方式：從みなとみらい線（港未來線）「馬車道」車站或「日本大通」車站徒步約六分鐘。

新橫濱拉麵博物館
官方網站

鶴岡八幡宮是鎌倉幕府首任大將軍源賴朝建造的。

神奈川縣　鎌倉市

鎌倉

如果要在關東區排一個「必去城市排行榜」，那麼鎌倉絕對名列前茅，這個古都的特殊風情讓旅人為之著迷。

鎌倉位於神奈川縣，三面環山、一面濱海，可說是天然要塞，十二世紀到十四世紀，這裡是當時幕府的大本營，被稱為「鎌倉幕府」，在日本歷史上留下色彩濃厚的一筆。

由於「古都保護法」，鎌倉不被允許開發，現存大量的古典建築、佛寺神社、史蹟等等，吸引了大批文學家如芥川龍之介、夏目漱石、川端康成等人定居，甚至出現「鎌倉文士」的稱呼，鎌倉的文化創作蓬勃發展，成為了著名的文化都市。

鶴岡八幡宮內部雕飾華麗，彰顯權傾一時。

當然，鎌倉的歷史文化值得細細品味，尤其是有不少美術館、文學館可供遊覽，但我最喜歡的其實是這個城市的氣氛，鄰近相模灣沿海「湘南」地區的鎌倉，同樣具有海濱城市的悠閒感，光在這裡漫無目的地散步，就是一件非常舒服的事。不過鎌倉的觀光客一年比一年多，強烈不建議在週末或長假時去，太過擁擠，難以放鬆。

倘若是第一次去鎌倉，一定要看的王道景點就是鶴岡八幡宮和鎌倉大佛了。鶴岡八幡宮建立於鎌倉的中央，同時也是鎌倉的信仰中心，神社古意盎然的木造建築風情十足，朱紅色的神殿雕刻華美，側面彰顯著當年幕府的滔天權勢。也有人認為此地剛好是三方龍脈圍繞的龍穴，特別靈驗，所以朝拜者絡繹不絕。主殿前匾額上的「八」字是一對鴿子，特別又可愛，這是因為八幡神的神使是鴿子，鴿子便成為鶴岡八幡宮的吉祥物，例如御守、御籤都有鴿子造型的，附近有很多鴿子的紀念品，最有名的伴手禮也是鴿子餅乾（鳩サブレー），喜歡鴿子的人肯定心花朵朵開。

大佛巨大俯瞰眾生，古樸莊嚴。

　鎌倉大佛則是鎌倉觀光的代表，位於淨土宗高德院的大佛高十一公尺，十分有魄力，超過七百年的歷史，不但在佛教藝術史上具有重要意義，也位列日本國寶。觀光客們在大佛腳下仰頭發出驚嘆，但可不只是這樣喔！佛像是中空的，可以進入遊覽，這稱為「胎內拜觀」，來了可不要錯過這透過佛像看世界的奇妙機會。

　我最喜愛的鎌倉季節是初夏，還未到煩悶燥熱的盛夏時

▼大佛背面開出兩扇窗可供遊客體驗與觀景。

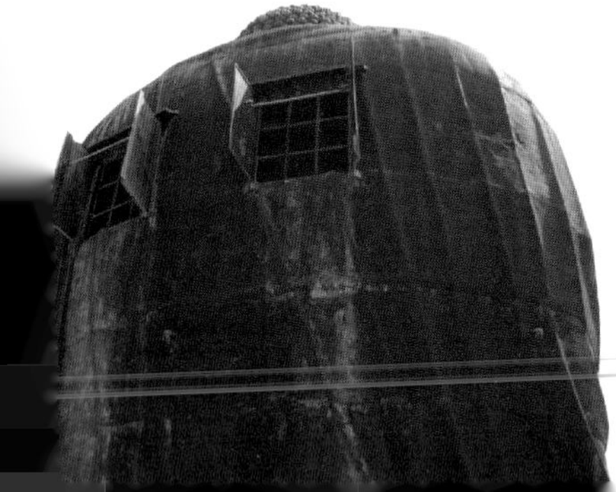

節，梅雨淅淅瀝瀝，蟬鳴時起時停，撐著傘走過潮濕的古都街道，明月院裡，寶藍色的紫陽花夾道歡迎，最後一絲春寒褪去之後，最適合海濱的季節即將到來，春櫻秋楓雖美，初夏的浪漫景色卻特別有鎌倉的韻味。

在報國寺，眺望著竹林、喝一口抹茶，慢慢走過鎌倉的街道，要是放晴，就往海邊走去，黃昏時分，在「由比之濱」望著夕陽落進富士山的懷抱裡，讓鎌倉的一天結束在精彩時刻。

鎌倉有太多觀光景點，也是許多作品的「聖地」，漫畫「灌籃高手」、「海街日記」以及日劇「倒數第二次戀愛」等等，來到鎌倉的觀光客興奮又期待，把行程排得滿滿的，在各個地點留下足跡和合影。

這沒什麼不好，但我常會建議朋友去兩次鎌倉，第一次跑景點，第二次，不要排任何景點，放空腦袋，隨意而行吧！古都的時間流逝緩慢，步履悠然，靜下心來，觀望一磚一瓦的歷史，感受遠處吹拂而來的海風，花朵自成世界，剎那就是永恆，心神完全沉浸在這個城市之中，才不算是浪費了鎌倉的歲月。

Info

鎌倉附近群山環繞，雖然都是不滿兩百公尺的低山，但自古就是險峻的要塞，起伏劇烈，風景獨特，十分適合縱走，被稱為「鎌倉阿爾卑斯」，有機會也可以搭配健行行程。

如果打算乘坐江之電，可以購買一日乘車券「のりおりくん」，也可結合江之島一起遊玩，不但交通費划算，還有許多優惠設施。

鎌倉市觀光協會官方網站

交通資訊

江之島上有許多日式風情的小橋，吸引情侶探訪。

神奈川縣 藤澤市

江之島

走過長長的跨海大橋，就來到了江之島，藍天白雲與一望無際的大海，讓人難以想像這樣的小島度假景色，會出現在離超級都會東京僅一個小時車程的地方。

江之島位於神奈川縣的相模灣，與湘南海岸靠弁天橋相繫，是個陸連島，湘南海岸擁有大量的海水浴場，也是知名的衝浪地點，由於風景優美，從湘南海岸到江之島都是約會聖地，除了一般遊客絡繹不絕，也常能看到成雙成對的情侶。

受到海水侵蝕，江之島有許多岩洞，自古就是日本宗教修行之地，鎌倉幕府時代，大將軍源賴朝在此地建立了七福神之一「弁才天」的神社，此後將軍家代代都會到江之島參拜。弁才天是水之女神，常在水泉、島嶼、港灣等地被祭祀，在日本信仰當中也被認為是守護音樂之神，受音樂家等人士參拜。又因「才」與「財」同音，也有財神的一面。江之島的「江島神社」規模廣大，與竹生島、宮島的神社並列為「日本三大弁天」，是知名的靈場。

不過江之島最有名的還是「天女與五頭龍」傳說，相傳以前在鎌倉附近有個大湖，湖中住著有五顆頭的惡龍，每天興風作浪、殘害百姓，使得當地民不聊生，有一天，海面暗雲湧動，雲上出現了一位美麗的天女，烏雲散去之時，天女腳下隆起一座島嶼，這正是江之島。惡龍對美麗的天女一見鍾情，請求天女嫁給他，然而天女拒絕了壞事做盡的惡龍，五頭龍不肯放棄，答應從此改過向善、守護人民，終於讓天女點頭下嫁。

所以，在江之島上，有各種龍的石像、雕刻等，因為龍是江之島的守護神，江之島的岩洞也叫做「龍窟」，而伴隨著惡龍愛上天女，從此改過自新，過上幸福快樂生活的傳說，江之島也成為情侶必去的景點，例如在「戀人之丘」上面，就有號稱敲了便永遠不會分手的「龍戀之鐘」，常可以瞥見戀人們攜手敲鐘。

當然，普通遊客不用尷尬，與家人、朋友出遊的人還是很多的。渡過跨海大橋，就會來到江島神社的參道「弁才天仲見世通」，這裡店鋪林立，販賣伴手禮、手工藝等等，也有餐廳和小吃攤，很適合悠閒逛街。

商店街包羅萬象，
可以滿足口腹之慾。

接著便前往神社參拜，除了江島神社的三個社殿邊津宮、中津宮、奧津宮之外，還有許多不同的神社，有的能庇佑財運，有的能增加美貌，要優先去哪裡呢？趕緊尋找心目中最深的願望吧！

▲ 龍是江之島的守護神，香火興旺。

▼ 奧津宮有源賴朝獻上的鳥居及「鎌倉四名石」之一的「龜石」。

午餐時間，江之島最有名的非魩仔魚丼莫屬，在湘南海岸當地所捕獲的魩仔魚新鮮甜美，飯上鋪滿透明的生魩仔魚，可是沿海城鎮才有的待遇，如果不敢吃生魚也沒關係，還是有熟的魩仔魚丼供顧客選擇，或者也不妨抱著嘗試精神，點一半生、一半熟的丼飯，兩種口味一起比較，美味加倍。除了魩仔魚，江之島名產還有烤蠑螺和章魚仙貝，在島上四處散步，走了那麼多階梯，不大快朵頤怎麼補得回來呢？

魩仔魚丼。

章魚仙貝裡面有許多完整的章魚。

補充體力之後，往海島邊緣走吧！喜歡洞窟探險的人絕對不能錯過海蝕岩屋，參觀洞窟內部十分有趣。洞窟附近的海岸線鄰近懸崖峭壁，怪石嶙峋，尤其黃昏時分，落日將天海皆染成燦紅，景色美得令人驚嘆。

日暮西山，黑夜降臨海島，江之島的燈塔亮起了炫目的光芒，白天的燈塔造形雖美，夜晚才是真正屬於燈塔的時刻，海的那一端，鎌倉的街道沉睡在黑暗之中，家家戶戶從窗中透出溫暖的光芒，他們是怎樣的人？有著怎樣的故事？是不是也在眺望著大海彼端的江之島燈塔呢？我靠在欄杆上，讓被驅使了一整天的雙腳稍作休息，

江之島燈塔被稱為海中蠟燭、湘南蠟燭。

從燈塔眺望夜景，城鎮及港口的燈火如同一場燈光秀。

漫無目的地想像著。

即使是夏天，海風也不可小覷，夜風逐漸變冷，像是在催促，我步下階梯，越過岩石、神社與海岸線，朝著跨海大橋走去，旅行邁向尾聲，我也得回到我的故事裡去了。

店家資訊

江之島隔壁車站「鵠沼海岸」車站的日式刨冰店「埜庵」，使用天然冰及自家手工製作糖水、煉乳，冰甜沁涼，非常好吃，或可順路前往，但常有大量人潮排隊，建議提前到達。

Info

如果打算乘坐江之電，可以購買一日乘車券「のりおりくん」，也可結合鎌倉一起遊玩，不但交通費划算，還有許多優惠設施。

如果打算乘坐小田急線，可以購買一日乘車券「江の島1day パスポート」，不但交通費划算，還有許多優惠設施。

藤澤市觀光中文官方網站

神奈川縣 小田原市

小田原城

「東海道五十三次」的第九個宿場「小田原宿」位於神奈川縣的小田原市，是離開江戶之後第一個位於城下町的宿場，城下町在城之下，這座城就是小田原城。如果購買從東京到箱根溫泉的鐵路套票，小田原車站通常會位於可以自由乘降的區間，不妨在去箱根玩時一起遊覽。

重建的天守閣，仍然頗值一觀。

十五世紀末，日本的戰國時代開始，雄踞關東地區的諸侯北条家族背靠八幡山，以小田原為根據地不斷進行擴張、增建，將小田原城發展為日本最大的城郭，在第三代家主北条氏康的統治下，小田原城接連擋下了有「軍神」之稱的上杉謙信，以及外號「甲斐之虎」武田信玄的攻擊，聲震天下，被譽為難攻不落的「無敵之城」。

可惜的是，明治時期，作為軍構的舊城堡遭到拆除，緊接著大正時代又碰到關東大地震，其實小田原城已經毀得差不多了，毀滅容易再建難，後來又花費了超過半世紀的時間，循著史料等等一點一滴地整修，才慢慢恢復戰國時代的威武外觀，位列「日本一百名城」之一。

如今的小田原城內部已經是鋼筋水泥，雖然較不能品味戰國時代的古風，但展示區域寬廣，有許多史料、工藝品展出，當成博物館來看的話，十分豐富有深度，還是很值得一看，登高到天守閣上，就可眺望遠景，透過眼前的和平景致，遙想亂世的戰火紛飛。

憑欄遠眺市區景觀，心境開闊。

現在小田原城的原址建立起了「小田原城址公園」，除了觀賞城堡，也很適合在公園裡散步賞景，公園腹地廣大，秋菊、冬梅、春櫻，每個季節都有各自的美好，梅雨季有燕子花和紫陽花，梅雨止息，盛夏來臨，便能觀賞護城河裡的蓮花，景色宜人。

帶小朋友的家長也不用擔心歷史展覽枯燥，除了有大片草坪可供奔跑，這裡還有武士盔甲、忍者、公主等裝束可出租給小朋友打扮拍照，同時有「忍者館」可供遊玩，甚至有一個小型的兒童遊樂園，絕對讓孩子樂不思蜀，有時候園

護城河保衛城堡，風景也很優美。

綠樹映水的日式庭園，相當幽靜。

內也會舉辦表演，非常熱鬧新奇。

花費了一天在小田原城各處觀覽的我們，心滿意足準備離開時，卻在本丸公園裡看到了一籠猴子，小田原城並沒有設置動物園，鐵籠內數隻猴子

來到小田原城，可駐足欣賞武士表演。

上跳下竄，看著十分突兀。

「猴子……？」

「為什麼是猴子？」

我們對看一眼，忽然靈光一閃，笑了起來。

「猴子！哈哈哈——」

「是豐臣秀吉嗎？太惡意了吧！」

戰國時代，發展到最鼎盛的小田原城，迎來了歷史的轉捩點，意圖統一天下的豐臣秀吉，率領十五萬海陸大軍包圍了北条氏，在小田原城的奮力抵抗之中，豐臣秀吉為了削減北条氏的戰意，故意在離小田原城三公里的石垣山上偷偷蓋了一座城，再用一個晚上把附近的樹木全部砍掉，造成一夜建城的假象，北条氏看見後，果然以為豐臣軍的軍力強盛至此，大受打擊，軍心潰散之下不敵，北条氏就此覆滅，戰國也邁向終焉，這座城便被後世稱為「石垣山一夜城」。

每座城都有它信奉的城主，小田原城的城主是北条家族，現在仍能在城中看到大量的北条家家徽，以及相關的商品販售，豐臣秀吉打碎了「無敵之城」的驕傲，也滅亡了北条氏，無疑是這座城最恨的仇人，而豐臣秀吉因為身形矮小，外號「猴子」，在城裡圈養猴子，是不是有什麼暗示

復原舊時情景的小田原評定，讓遊客有參與感。

呢？

查了資料，官方說法是以前小田原城中有動物園，然而動物園不再營業後，只有猴子一直未能找到新飼主，還在城中待著。但到底為什麼只有猴子呢？想想還是很不可思議。

官方有官方的聲明，民間有民間的見解，歷史有正也有野，虛虛實實才是歷史，雖然不知道真相如何，但至今想起小田原城的猴子，我仍然會因為感到有趣而笑出聲來，這就是獨屬於歷史迷的小小樂趣吧！

Info

交通方式：從JR或小田急電鐵「小田原」車站徒步十分鐘。如果要順帶去箱根玩，可以購買小田急的套票「箱根周遊券」（箱根フリーパス），可參照官方中文網站：

小田原城官方網站

箱根周遊券

神奈川縣 箱根町

箱根溫泉

箱根溫泉是距離東京最近的渡假溫泉，也是有名的蜜月勝地，小田急電鐵運行於新宿與箱根之間的特快列車就叫做「浪漫特快」（ロマンスカー），是很多未婚人士心中的嚮往。不過大家在電車上開心聊天、貼著車窗為看到富士山讚嘆的時候，可能並不知道，江戶時代的箱根，可是讓所有旅人哀哀叫的超級難關呢！

「東海道五十三次」中，從箱根宿的前一個宿場「小田原宿」，不停走著陡峭坡道，越過近九百公尺高的箱根峠，再下山前往「三島宿」——跨越「箱根宿」的險峻道路，被稱為「箱根八里」（八里約等於三十二公里），就像中國也留下「蜀道難，難於上青天」的詩句一樣，箱根八里是東海道旅人心中永遠的痛，外號「天下之難所」。

因為箱根八里太難走，再加上一下雨就道路泥濘，當時的幕府排除萬難鋪設了大量的石板，現在仍能在舊街道上看到這古樸風情，同時為了抵抗夏天熱烈的太陽、冬日刺

箱根美術館入口像是個車站，其實館藏超級豐富。

骨的寒風，也從蘆之湖畔沿路種植杉樹直到恩賜箱根公園，已有四百年樹齡的古早「行道樹」，至今仍庇蔭著來散步的旅人。

箱根是典型的火山地形，峰巒疊翠環繞著蘆之湖，有山有水風光明媚，再加上火山地熱，成為絕佳的溫泉休養區，到箱根旅遊，最宜三天兩夜，訂個舒服的溫泉旅館，晚上澈底放鬆，隨著晨光來臨踏上行程，歷史遺跡、自然美景，無論是要尋幽攬勝還是放空遛躂，慢悠悠地逛最棒，兩天一夜也行，一天內來回的行程就太急了，無法品出箱根百分之一的精髓來，箱根的景點多且領域廣泛，光就決定主題都愁白了頭。

對熱愛美術館的人來說，箱根無異於天堂了，如果鍾愛西洋畫，肯定要到擁有大量莫內、梵谷等印象派畫家館藏的「POLA美術館」一遊，美術館周圍有穿過綠林、花卉及雕刻作品的遊步道，讓遊客同時享受自然及藝術；假如想看日本畫，「岡田美術館」是箱根最大的美術館，以日本繪畫及東洋美術品為中心，還有許多江戶時代名工巧匠的作品，盡顯盛世輝煌，庭園中設有足湯、咖啡亭，看完美術品，不妨在木造建築中品味午餐，一邊眺望溪流潺潺的庭園，舒服極了；還有「箱根美術館」，除了美術品，最有名的是館內庭園「神仙鄉」，典型日式以青苔、岩石等自然造景為主的高雅庭園，最好是秋天光臨，在茶室享用抹茶及和菓子，抬眼望去，滿目楓紅，秋意滲入每一寸空間裡，美到極致。

要是不喜歡這種「正統派」美術館，箱根還有眾多有趣的主題美術館，例如彷彿歐洲貴族宮殿的「箱根玻璃之森美術館」、以法國童書《小王子》為主題的「小王子美術館」、精巧到令人驚嘆的「箱

「呼喚幸福的交響雕刻」光影炫麗。

根娃娃屋美術館」等等，肯定能打破對「美術館」的刻板印象。

如果是有孩子的家庭，「雕刻之森美術館」是上上之選，在廣大的園區之內，雕塑品放置在草皮上，既能自由散步，也能潛心欣賞，最有名的就是法國藝術家的塔狀作品「幸せを呼ぶシンフォニー彫刻」（呼喚幸福的交響雕刻），外觀是華麗到了極點的玻璃花窗，但不單只是觀看，遊客真的能夠進入塔中，隨著螺旋階梯拾級而上，猶如被夢幻光影籠罩，這也算是雕刻作品嗎？看來美術的世界，比我們所想的自由得多了。另外也有供孩童遊玩的區域「ネットの森」（網之森），這色彩鮮艷、造型多變的區域，也同樣是體驗型的藝術作品，讓人直呼不可思議。

只有溫泉地才能享有逛美術館兼可泡足湯的樂趣。

箱根神社的鳥居位於蘆之湖上，獨具一格。

當然，要在箱根挑兩個必去自然景點的話，那就是蘆之湖和大涌谷，這兩個地方是最能呈現箱根山區火山地形之美的地方。蘆之湖有觀光海盜船供遊客乘坐，不但能飽覽山的壯麗、湖的盪漾，還能在船內參觀探險，或是站在船頭心懷「航海王」的壯志，趣味十足。

到了湖畔也別忘記去看箱根神社和九頭龍神社，平安時代東海道開通之後，箱根神社鎮座於箱根道上，無數旅人來此祈求旅途平安，江戶時代東海道之旅益發昌盛，幕府也在此處設置關所，箱根神社作為交通要衝，更加受到百姓的崇敬，最終成為保佑交通安全的聖地，可以說是旅人必拜呢！

大涌谷則是箱根山群之中最能看到火山噴煙的地帶，荒山、裸岩、硫磺，粗獷而開曠，是與森林遍布的翠峰全然不同的景象，一般遊客只會在車站附近走一走，吃顆特產溫泉黑蛋就乘坐纜車下山，但只要時間允許，推薦事前預約「大涌谷自然研究路」，會由園區導遊帶領進入禁止通行的部分遊覽，能更加深度遊玩大涌谷。

除了具代表性的火山地形景點，箱根也有為數眾多可供散步賞景的公園，例如將半島形狀的箱根離宮跡地改建的「恩賜箱根公園」，近距離眺望富士山與蘆之湖，碧波萬頃，靜如平鏡，教人不由自主地沉澱在綠意與薰風之中；夜晚才是主場的「箱根湯本螢火蟲公園」，六月初旬的夏夜光影紛飛；四季風景都迷人的日式庭園「箱根小涌園 蓬萊園」，春櫻秋楓以箱根連山為背景，佐以藍天，色彩濃烈飽滿，初夏滿園杜鵑，目不暇給。

若是喜歡這類庭園造景花卉，被認定為「國家登錄紀念物」的「箱根強羅公園」必去不可，擁有超過百年歷史的強羅公園是法式庭園，四季花卉爭奇鬥艷，最知名的就是整片

置身溫室，如同擁有一座熱帶雨林。

沿石階而上，在和風茶室內可度過茶香洋溢的午後時光

的玫瑰園，還有熱帶植物館、體驗工藝館、噴水池、溫室、茶室等，一逛就是一整天。

更偏好自然景致的人，則可以前往仙石原的「箱根濕生花園」，濕原地形中，順著木板道悠然前行，觀賞充滿特色的各季植物；有體力健行的話，則最適合攀登箱根連山，比如說金時山，集靈秀山景、歷史人文於一身，又是觀賞巍峨富士的絕佳景點，錯過可惜。（金時山見登山篇。）

說了這麼多，是不是開始苦惱了呢？果然箱根溫泉讓風塵僕僕的旅人心醉魂迷，安排一天無異囫圇吞棗，兩天又匆匆忙忙，三天尚算勉強合格，那麼玩完了三天，誰能不沉醉在溫泉鄉裡，不願再想起踏上東海道的艱苦呢？

這可不行啊！旅人如不繫之舟，注定要航向遠方，數百年前漂泊遠方的江戶人啟程了，或追求洗滌心靈、或正在尋找自己的我們，也得要前往下一個目的地。但或許，放浪的海盜船有一天會回到蘆之湖上，那時，湖面水霧氤氳，周圍群山蔥蔚，箱根八里的石板道上，歸人的腳步聲急促響亮，又重新回到心之所繫的地方。

大涌谷自然研究路預約入場網址，一個人的費用為日幣 500 圓（2022 年 7 月），要注意無法用現金結帳，可在交通 IC 卡（如 Suica、PASMO）裡面多儲值點錢以付帳。

購買小田急的套票「箱根周遊券」（箱根フリーパス），除了電車外，還能自由乘坐區域內的箱根登山電車、箱根登山火車、箱根纜車、箱根海盜船、箱根登山巴士等，也附有許多景點、溫泉、美術館等設施的折價券，非常划算。

Info

大涌谷自然研究路預約入場

箱根周遊券

熱海溫泉

靜岡縣　熱海市

大部分溫泉的開湯傳說都是經由動物無意中發現，熱海溫泉相較之下就顯得非常有特色。據說奈良時代，由於漁民被海底火山噴發所阻而生計困難，聖僧「萬卷上人」向海底火山奉上祈禱，海底火山竟移動到陸地中，就此噴出溫泉，這個開湯傳說非常符合自然災害眾多的伊豆諸島地區，但海中湧出熱湯的「熱海」，將災難轉化為恩惠，最終成了旅人心之所向的觀光勝地。

熱海市是從東京往伊豆半島的必經之路，大部分是丘陵地，依山臨海，早於一千多年前就從火山帶的地殼裂縫中湧出既多又豐富的溫泉，因而向來以溫泉療養地享譽盛名，更是關東人熱愛的鄰近度假首選。

十二世紀，鎌倉時代初期，附近的「伊豆山神社」以及位於箱根的「箱根神社」被指定為「兩所權現」，鎌倉幕府的將軍每年正月都會到這兩所神社祭拜，稱為「二所詣」，「詣」就是參拜的意思。熱海地區因位於連結兩處的交通要道，道路修繕完整，大加繁榮。

到了十七世紀初期的江戶時代，建都江戶城的德川家康就近到熱海市洗溫泉，令它名氣更盛，隨後的幾任將軍更是都跑來度假，不但在附近蓋別館，還特地把熱海的溫泉水運到江戶城去洗，熱海溫泉受將軍一族鍾愛可見一斑，「特權階級」的形象也深植人心。

來到現代，一般百姓也能享有與將軍相同的待遇了，熱海溫泉成為關東地區著名的溫泉度假景點、蜜月旅行名勝，出了熱海站往市街中心走十分鐘，就可看見銀座町商店街，餐飲店、特產店散發著傳

熱海購物街相當親切好逛。

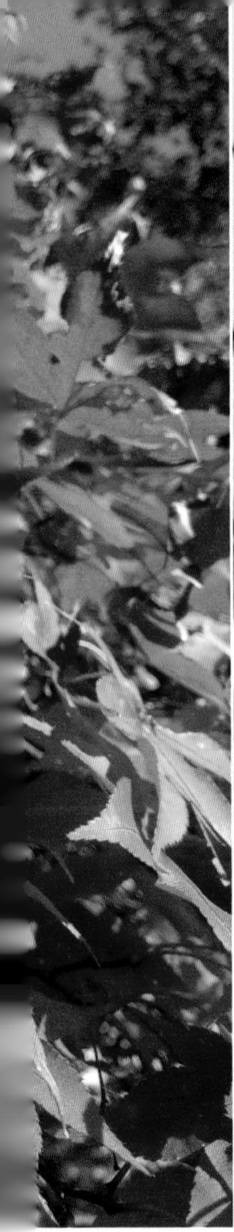

（圖左）火紅的楓，燦爛了整個秋季。（圖右）熱海是賞梅的絕佳地點。

統風情，在進溫泉館之前，點個海鮮丼當午餐吧！熱海除了是溫泉也是港口，鮮甜味美的生魚片，一下就撫慰了旅人跋山涉水的辛勞，但可別累癱在餐廳，吃完飯起來走走，散步路線從商店街到黃金海岸，要躺就躺在沙灘上吧，海水清澈，椰樹成排，散發南國悠閒氣氛，放鬆身心，享受蔚藍天空、午後暖陽與徐徐和風。

不過熱海的海岸最重要還是晚上，夜晚也有燈光照明之外，每年四季都各有煙花晚會，吸引大批遊客前來一飽眼福。熱海灣三面環山，有如缽狀，欣賞海上煙火盡享耳目之娛，不但花火回音直上雲霄，如同交響樂，色彩、形狀更是絢麗，很多遊客都專程而來，但一定要提前注意舉辦煙火大會的日期，尤以夏季為焦點，才能剛好趕上。

遊玩熱海的方式很多元，可以搭觀光船，感受餵海鷗的樂趣，沿著海岸線還能漫步到纜車搭乘站，到錦之浦山上的熱海城及五重的天守閣，俯瞰錦之浦海岸，海天一色。雖然熱海城不是古蹟，是依照桃山時代慶長初期的城堡款式新建的觀光設施，不過春天庭園有兩百多株櫻花以供欣賞，展望台等頂樓制高點最適合觀賞景色，天守閣內包括有古代武器展覽資料館、浮世繪秘畫館等，還有江戶體驗館，提供服飾、轎子可供體驗和拍照，往下其他樓層則有名城迷你模型、北前千石船帆船、武士盔甲武器及人偶、歷史資料展示、米粒雕刻人形店等，甚至地下室有兒童遊藝場，免費提供遊戲機，小孩子不會無聊，適合全家一起遊玩。

如果能安排比較多時間給熱海，「伊豆山神社」當然是必去的，據傳伊豆山神社是源

賴朝與北条政子結緣的神社，神社裡因而出售護佑有情人終成眷屬的御守，有心人也可到此求籤，祈求好姻緣。要是沒有這段姻緣，源賴朝還能不能建立鎌倉幕府，鎌倉時代是不是不會來臨？這裡正是歷史的轉捩點呢！

當然還有「走湯溫泉」，走湯溫泉是日本非常少見的「橫穴式溫泉」，和台語一樣，日文的「走」就是「跑」，所謂走湯溫泉即溫泉從山谷間湧流而出，飛落向海岸，有如奔跑。從「逢初坂」順巷順梯走就能來到「走湯溫泉跡」石碑，看到隧道式的走湯入口，不斷冒著白煙，人在洞內就有暖騰騰蒸氣浴、蒸臉的感受，往上有走湯溫泉神社，可在此讓雙腳泡泡溫泉，欣賞山海景致。

也別忘了「熱海梅園」，冬賞梅花秋賞楓，這裡是日本梅花開得最早、紅葉謝得最晚的賞梅賞楓聖地，映照著岩壁上滿是小瀑布的清澈溪流，美不勝收，梅、楓的品種既多且全，而連岩滝底下都還有小通道，不妨走走，初夏傍晚之後，還能觀賞螢火蟲。熱海梅

搭乘 MOA 美術館手扶梯本身就是體驗藝術的一環。

園的七百多萬株梅樹數量堪稱全國第一，上百年來，萬坪梅樹盛開時節相當壯觀。

不過整個熱海地區，我最喜歡的地方還是「MOA美術館」，從美術館入口搭乘室內多段的超長手扶梯到山頂，來到有著大片落地窗的美術館主大廳，猶如進入寶山，這一路置身宏偉建築、極具美感的室內設計環境中，欣賞屋頂彩虹橋般的彩色燈光變化，很具有未來感，讓人不斷發出讚嘆，而在山上戶外平台可俯瞰熱海市區、相模灣，心曠神怡。

美術館名稱MOA結合創始人岡田茂吉（Mokichi Okada）與協會（Association）字母，岡田茂吉致力於東方藝術的復興，為防止流出海外而設立基金會，籌備多年後創立世界性的美術館，讓世人都能欣賞全球共同擁有的藝術品，並設置岡田獎，獎勵傳統工藝的創作。

MOA館內展示繪畫、書法、雕塑、佛像、瓷器、漆器等三千多件東洋藝術精品，日本、中國藏品尤為豐富，最有名的是江戶時代日本國寶畫家尾形光琳震撼人心的作品《紅白梅屏風圖》，也有江戶時代野野村仁清的彩色搪瓷作品、法國莫內的《睡蓮》、荷蘭林布蘭《自畫像》、中國唐朝瑰寶《美人圖》和宋瓷等等。

另外，還設有能樂堂、日式茶苑，以及重現豐臣秀吉時代、大阪府太閣內日本茶聖千利休追求極致奢華之美而打造的「黃金茶室」，天花板、地板、牆壁都閃耀著金箔的光芒，金黃熠熠；能樂堂的成立則是圖存保留及發揚傳統戲劇「能劇」，能劇結合舞蹈、戲劇、音樂和詩歌，在舞台上呈現和式美學的表演，已流傳達六百多年歷史，備受推崇，能樂堂內設有座椅，如正巧有表演，宜把握機會觀賞。

還有開館三周年時，特別

MOA 是罕見內設能樂堂的一座美術館。

根據畫家尾形光琳的手稿，復原建成「光琳屋敷」，屋內儘量復刻他工作室兼生活空間的樣貌，一排日式平房在楓葉掩映下，令人頗有思古幽情，觀光客好奇地在屋內外穿梭，遙想昔日大師的每一天。

MOA 經常推動與舉辦插花、茶道、表演藝術等多元化文化活動，也與學校合作辦理兒童美育課程，以滋養心靈上的健康。參觀 MOA 接受藝術的薰陶，同時還能在偌大的庭園裡欣賞四季花樹、燦紅楓葉，室內的插花佈置每日換新，意境幡然一新，百看不膩，一逛就是一整天，連餐廳都有好幾家，真希望可以直接住在美術館中，肯定天天樂悠遊。

鎌倉幕府的發家之地，德川幕府的度假天堂，幕府將軍們留下無數的傳說，但最終繁華起熱海的，是我們這些為看景點而全力奔跑的無名旅人，在溫泉池中舒服喟嘆、在海岸邊仰望煙火，於是我們也成為了景色的一部分；在美術館裡感慨讚嘆、在神社參道上尋找遺跡，於是我們也成為了歷史的一部分。

今天的熱海也在等待遊客，從古時到現代，熱風吹拂，海潮不斷。

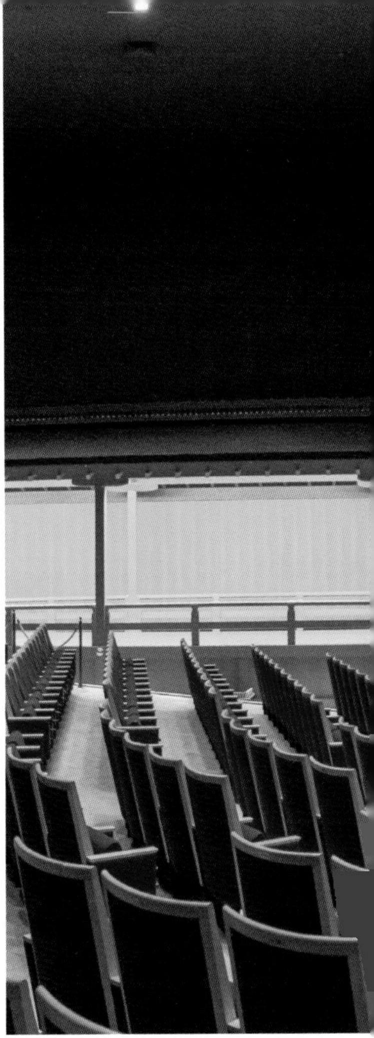

Info

熱海並不在「東海道五十三次」之中，但若不是走舊東海道線，而是乘坐電車進入伊豆方面必定會經過，很適合串聯東海道之旅一起遊玩。

東海巴士路線「熱海市内名所めぐり「湯～遊～バス」」介紹網站，如果要購買一日乘車券，可以在車站前的東海巴士案內所購買，也可以在搭上巴士後向司機購買，除了能夠在本縣內所有車站自由上下車外，也有許多設施的優惠，非常划算。

東海巴士介紹網站

MOA美術館官方網站

三嶋大社與樂壽園

十七世紀的江戶，旅行中的俳句詩人松尾芭蕉越過了箱根的關隘，前往三島，彼時天氣惡劣，眾山藏於雨雲，本該能遠眺絕美富士山，卻遇到旅途中最掃興的事情，大詩人看著陰雨的昏暗天空，提筆寫下了一首俳句：「霧しぐれ 富士を見ぬ日ぞ 面白き」（濃霧如時雨，不見富士也有趣），只要心中有富士山，旅程便伴隨著富士山，遮蔽山稜的陰雨，將空間塗抹成謎團，卻賦予更多想像，帶來全新的趣味，旅行詩人所擁有的獨特美學意識，將看不到富士山的遺憾轉化為樂趣，在詩歌中表現得淋漓盡致。

司馬遼太郎
この湧水というのが、
なんともいえずおかしみがある。
むかし富士が噴火してせりあがってゆくとき、
溶岩流が奔って、いまの三島の市域にまできて
止まり、冷えて岩盤になった。
その後、岩盤が、ちょうど人体の血管のように
そのすきまに多くの水脈をつくった。
融けた雪は山体に滲み入り、水脈に入り、
はるかに地下をながれて、溶岩台地の最後の縁辺
である三島にきて、その砂地に入ったときに
顔を出して湧くのである。
小説新潮昭和六十一年二月号掲載
「裾野の水、三島一泊二日の記」と

歷史小說家司馬遼太郎的文學碑記敘三島的湧水。

富士山下，靜岡縣，「東海道五十三次」的第十一個宿場「三島宿」到了。

三島是靜岡的大門，也是歷史悠久的「三嶋大社」的「門前町」，也就是以神社或寺院為中心所形成的廟街，三嶋大社在日本有歷史紀錄以來就已存在，甚至「三島」這個名稱，也是先有三嶋大社，才將社名作為地名使用，當時所謂的三島地區也包括火山噴發頻繁的伊豆諸島，可怕的自然條件讓居民急需神靈庇護，鎮座於此的三嶋大社，便是人們的心靈依歸，從伊豆半島開始被開拓的古代，到東海道遊人如織的戰國、江戶時代，再到新幹線飛速奔跑的現代，始終庇佑著一方寧靜。

從JR的「三島」車站前往，步行只要十分鐘，別坐車了，沿著幽靜的河道散散步吧！街道旁立著許多文學碑，所有知名的旅行作家都來過這裡，松尾芭蕉吟詠詩歌，江戶時代小說家「十返舍一九」的旅遊小說主角們也踏足此地，寫過《台灣紀行》的歷史小說家司馬遼太郎也寫下了「三島一泊二日之記」，順著這些文學碑漫步，沒過多久，三嶋大社就會映入眼簾。

三嶋大社的建築物幾乎都是重要文化財，古樸厚重的木造建築充滿優美的歷史感，同時也收藏了許多重要的美術品、日本刀等，寶物館值得一看。但最有趣的是夜間也開放參拜，雖然賣店等設施不營業，但如果晚上睡不著覺，不妨帶支手電筒到黑夜籠罩的社內夜遊，聽著烏鴉荒涼的叫聲，別有一番趣味。

三島車站南邊，另一個有名的景點就是「樂壽園」，林木包圍、鬱鬱蔥蔥的樂壽園如今是市立公園，但原本是明治維新時期小松宮彰仁親王建立的別墅，園內傳統建築「樂壽館」由明治時代皇室藝師野

口幽谷、瀧和亭等畫家繪畫裝飾而成，到了昭和時代，三島市政府把此處改作市立公園，加以管理，隨後園區被指定為國家保護風景區和國家名勝古蹟。

走進樂壽園之前，會注意到對面白滝公園入口處涼亭內有兩個打水小人偶，可飲用打出來的泉水，由於是來自富士山雪水湧泉的「三島之水」，相當清涼爽口，這也是三島的特色之一。一萬多年前富士山火山噴發，熔岩流到此地，稱作三島熔岩流，這特殊的熔岩流過濾了三島的水，讓市內處處有湧泉，三島因而被國土交

通省選定為水鄉百選，也得到了「水之都」的外號，可以說三島是湧泉與花園之城。

而樂壽園內的小浜池也是自然湧泉，根據每天湧出的水量不同，池水的深度便會有變化，不同季節能看到不同的景色。除此之外園內有萬葉森林、小動物園、遊樂場、鄉土資料館、茶室等諸多園區，不只是散步賞景，小朋友也能玩得開心，很適合闔家光臨。

（圖右）三嶋大社種滿了十五個品種的兩百株櫻花。
（圖左）冬日枯水期的湖泊露出嶙峋石塊，別有一番風情。

樂壽館由明治時代皇室藝師野口幽谷、瀧和亭等畫家繪畫裝飾而成。

富士山火山噴發的熔岩流到此地，形成三島熔岩流。

三島市介於富士山南麓、箱根連峰西麓以及伊豆半島之間，不只是通往這三個方向的交通要衝，人文歷史豐富之餘，也努力維護著自然景觀，同時由這肥沃土壤、清冽泉水孕育出美味蔬菜的寶庫，遠處還有來自相模灣與駿河灣的海產，一邊享用當地美食，抬起頭，就能看見白雪皚皚的富士山，身心都能獲得治癒。

旅行固然好，要是能長住一段時間就更棒了，不光三島本身魅力十足，離溫泉度假區熱海、箱根、伊豆都近，難怪詩人作家們前仆後繼地跑來這裡。流水潺潺、金桂飄香，我固然也想搜索枯腸，留下一兩句班門弄斧的詩文，但埋首大啖山珍海味，哪有那麼多腦細胞啊！哎，只要我心中有詩歌，旅途中就有無限詩歌的想像，紀錄之事交給文人，我們旅人要緊的是吃飽飽、睡好好，準備踏上明天的旅程。

Info

如果順著舊東海道行走，在箱根和三島之間可以參觀北条氏遺跡「山中城」，山中城是小田原城的支城，也位列「日本百名城」之一，雖然沒有壯觀的天守閣，但有留下不少山城遺構，值得一觀。如果是坐新幹線到三島，便不會路過山中城，要從三島轉搭巴士回到箱根方向。

三嶋大社官方網站

樂壽園官方網站

富士五湖與三保松原

位置在日本島中央的靜岡縣幅員遼闊，尤其是東西狹長，夾在山與海之間的通道正是東海道，五十三個宿場之中，從第十一個「三島宿」到第三十二個「白須賀宿」都在靜岡，共佔二十二個宿場，將近半數，就知道靜岡縣在東海道之中的地位了。

靜岡縣擁有傲人的富士山以及豐富的山、海、川、湖天然資源，種類多、水質佳的溫泉加上豐盛海鮮美食，更添賞櫻賞梅樂趣，不論是拜訪江

點一盤海鮮總匯壽司，樂在當下。

戶時代歷史古蹟與神社、博物館、美術館，或是散步在靜岡茶園和大自然景致中品嚐鮮美綠茶，都讓人心曠神怡。

面臨五百公里長的太平洋海岸線和駿河灣上等漁港，如果想品嚐到最新鮮的生魚片、握壽司，感受到大海的心跳與呼喚，非來到靜岡不可，在有「日本三大美麗港口」聲譽的清水港享用鮪魚，不必擔心吃不到頂級貨，因為日本消費市場半數的鮪魚都在這裡上岸，剛拍賣標下後，就能在最迅速的保鮮時效下打牙祭；朝南移動，用宗漁港的沙丁魚類幼魚魩仔魚最有名，盛產期為四至六月，入嘴極度鮮甜；再往南移步，可在日本漁業重鎮燒津港大口吃漁獲量和品質都拔頭籌的鰹魚，買包柴魚片就是可口的伴手禮；清水港往北就到達駿河灣的「由比漁港」，可大飽口福，見識色澤如櫻花的時鮮櫻花蝦特產，在漁會直營的食堂裡必點名產櫻花蝦什錦天婦羅蓋飯，吃出無比滿足。

離開三島，下一個宿場便是鄰近港口的「沼津宿」，沼津港是靜岡縣東邊的門戶，向南連接伸入海中的伊豆半島，沼津市漁獲豐美，因此舉辦「在吧台吃壽司in沼津」（カウンターで寿司食いねェin沼津）活動，二十多家料理店加入陣營，可單點也可選擇套餐，歡迎遊客比照日本饕客的作風，在吧台觀賞廚師熟練地捏壽司，近距離品味新鮮壽司，肉多又鮮爽的竹筴魚、晶瑩透明的魩仔魚以及鮮甜的花枝、比目魚都是到沼津必吃的名產，當然也可點選鮪魚腹肉，飽嚐肥美的魚脂及魚肉，在嘴巴裡美味交融。

除了美食，在靜岡東側，賞富士山的景點是最重要的了，例如被指定為「國家名勝」與「日本夜景遺產」，還在「日本觀光地百選」比賽中拿過第一名的「日本平」。日本平是丘陵「有度山」的山頂，茶園、橘子林和闊葉樹林從山腰覆蓋而下，隔著濃藍的駿河灣，富士山挺然獨秀，綠林、碧海、岩山、白雪，層層堆疊的景色如畫卷一般，美得扣人心弦。

從日本平往南，朝向海邊的久能山山腰，聞名天下的「久能山東照宮」就在此處，與日本平以纜車相連，或是從久能山下徒步上山，走上一千一百多個石階，可以一邊在古樸石階上緩慢散步，一邊瀏覽周遭的景色。

「東照宮」是祭祀德川家康的神社，日本全國各地都有，但久能山的定位相當特別，德川家康統一全國，建立江戶幕府政權，晚年退位，就近在伊豆半島駿河這一帶養老，還能遙控接任的幕府將軍，家康過世後先被安葬於久能山東照宮，不久又遷葬到日光東照宮，所以此處曾是家康真正的沉眠之地，建築物等都屬國寶，華麗而肅穆，主殿旁有大棵櫻花樹，整排日式石燈映照著墓碑，仍然顯現出王者氣度。

離久能山不遠之處，還有猶如歌川廣重浮世繪再現的賞富士名景點「三保松原」，三保松原的海岸線長達七公

從海灘可遙望富士山勝景。

羽衣之松的海天綠樹景致悠揚，紓解了身心的疲憊。

里，沿岸栽種著三萬棵蒼翠的松樹，蒼翠蓊鬱的松林密密層層，藍海澄碧浩渺、浪花銀光閃閃，海的那端，是白頭皚皚的富士山，這樣的美景，哪能沒有和歌讚頌，哪能沒有圖畫傳世呢？

這裡還是有名的「羽衣傳說」之地，據說天女曾降臨在此，並把羽衣蓋在松樹上，稱為「羽衣之松」，附近的「御穗神社」還保留著羽衣的一部分以供祭拜，三保松原是御穗神社的「鎮守之森」，每年元旦都會有參拜人潮聚集，在羽衣之松身邊等待山脈那頭升起的朝陽。

同時，包括松林、海岸、御穗神社全境以及迎神的「神之道」等地，都被列為世界文化遺產，這個文化遺產的主體其實是富士山，即使富士山離這裡超過四十多公里遠，有信仰和藝術之力做連結，三保松原仍然屬於富士山，真的是一件很神奇的事。

最知名的眺望富士名勝地，除了三保松原，另一個當屬「富士五湖」了。不過富士五湖不在靜岡，而在隔著一整座富士山的山梨縣，並且是五個富士山麓淡水湖的總稱，要串聯遊玩的話，可能需要租車，交通比較方便。五湖之中，站在被稱為「天下第一湖」的「河口湖」周邊可充分仰望富士山，最為理想，天氣好時還能看到富士山倒映在湖水中，水光接天，上下皆是富士，猶如被山岳緊緊擁抱。

河口湖旁大石公園的薰衣草盛開期是在初夏，一片浪漫紫色，更添富士山的壯麗景致。秋末則在梨川周邊舉行紅葉節，能夠免費欣賞片片楓紅。河口湖也有麗峰溫泉、天水溫泉、靈水溫泉、芙蓉溫泉、秀麗溫泉五個源泉，泡泡溫泉有助消除疲勞和肌肉痠痛、暖化禦寒，要是有意願攀登富士山，最適合排在登山

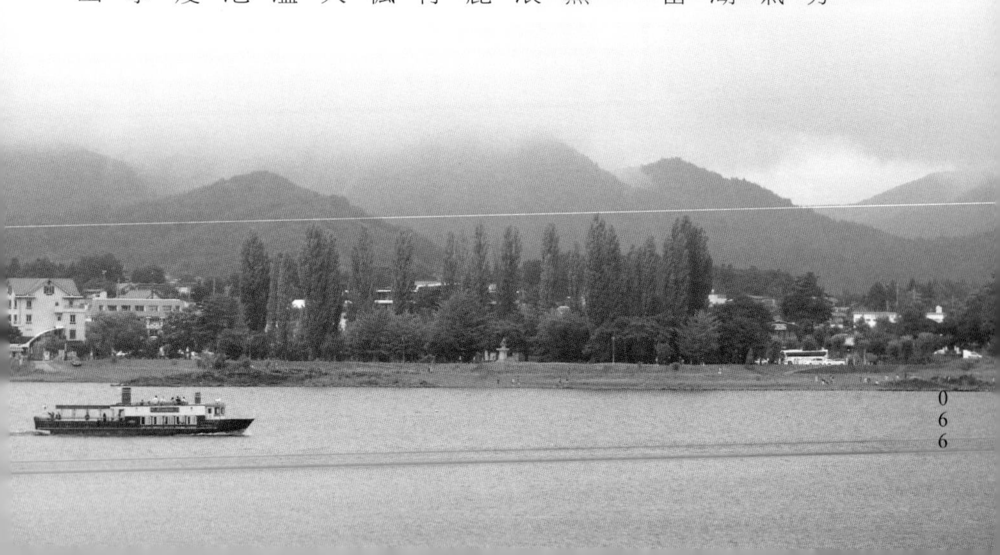

後，好好休養，有時候晚間還能看到富士山麓施放煙火，夢幻光景，美不勝收。

山海豐饒，富士雄奇，從江戶往西走，富士山越見高峻，但靈山並不是拒人於千里之外的，巍峨聳立的富士山對當時走在舊東海道上的旅人來說，是沉默的陪伴，也彷彿一種心靈支柱，在富士山畔艱困的一步一腳印，都更向目的地靠近，越過靜岡東部，富士山又安靜目送旅人離開，像是無聲的守護。

所以人們才會信仰富士山吧！誰也不能真正確認詩歌和圖畫裡描述的山神存不存在，但富士山肯定是有靈的，抬頭仰望之時自然發出的讚嘆，便是對神靈最虔誠的讚詠。

▶ **沼津港交通方式**：於JR「沼津」車站搭公車，在「沼津港」巴士站下車，步行五分鐘即到。

▶ **日本平交通方式**：從「靜岡」車站搭乘巴士往「日本平纜車」方向（日本平ロープウェイ行き），約四十五分鐘。如果是要去久能山，還要在此轉搭公車，建議從日本平前往。

▶ **三保松原交通方式**：從JR「清水」車站或者「新清水」車站搭乘巴士，在「三保松原入口」站下車，再步行約二十分鐘即可。如果有到「世界遺產三保松原」車站，僅需步行約五分鐘。

富士急行巴士有富士五湖地區周遊路線，也可以購買套票，非常划算。

Info

石疊板路面充滿舊東海道風情。

靜岡縣 島田市

金谷茶之都

日本有所謂公認的三大名茶，靜岡茶湯色最美，宇治茶香氣最勝，狹山茶滋味最濃。靜岡是日本最大的產茶縣，不論產量或栽種面積都遙遙領先，茶園面積佔了全國四成以上，縣境內除了伊豆半島，處處飄茶香，大部分製作成煎茶，茶湯呈金黃色，花香氣息出眾，富士山麓、安倍川、大井川、天龍川流域等地區，配合自然環境的不同，分別生產煎茶、深蒸煎茶、玉露等茶。

靜岡縣所產的靜岡茶，種茶歷史追溯自鎌倉時代，名僧聖一國師從中國帶回種子，種植在靜岡市足久保附近，金谷的牧之原台地因而成為全日本最大的綠茶產地，放眼望去盡是一畦畦矮茶樹排列整齊而構成的綠茶茶園，高高電扇桿上的電風扇具有幫茶樹除霜的作用，形成特殊的景致，滿眼綠意，讓人如沐春風。

到了金谷，日本綠茶的故鄉，必定要參觀的就是「富士之國茶之都博物館」（ふじのくに茶の都ミュージアム）了！不喜歡看枯燥資料的人不用擔心，茶之都博物館以體驗為主，有茶可喝、有活動可參加，還有超美庭園可逛，包準玩得開心，盡興而歸。

從JR「金谷」車站出來，撲面就是一股清新的茶園之風，金谷是江戶幕府時代「遠江國」最東的住宿驛站「金谷宿」。靜岡縣因為東西狹長，在江戶時代分為「伊豆國」、「駿河國」、「遠江國」三個不同行政劃分，遠江是遠什麼江呢？其實這個「江」指的是遠在滋賀縣的「琵琶湖」，所以滋賀縣在當時就叫做「近江國」。

金谷車站在舊東海道時期的「本陣」，也就是官宿，已經沒落，只保存紀念碑，但還能依著指標往前走，見識現代由居民合力重新舖設的舊東海道石疊，不同大小片卵石砌成石疊板的路面，走起來的確有古式風情。此外，也別忘記到石疊茶屋，吃吃看地方特產蕎麥麵、茶粥，搭配靜岡綠茶或島田冷泡茶，清香爽口。

茶之都博物館離金谷車站乘坐巴士大約五分鐘，若有體力，可以步行欣賞周遭的田園景色，耗時約二十分鐘，就能抵達博物館，不過從車站往博物館大致都是上坡，回程再走會比較省力。

進入博物館，依照參觀動線，會先認識博物館展示的各地精緻茶具和各種茶葉，館裡也提供自製的釜炒茶，把用鍋炒過的綠茶泡茶後飲用，三樓採取一個個房間的面貌展現中國、印度、日本、英國等國的茶葉和茶器物品，以海報介紹趣味各異的茶文化，最後還可免費體驗日式綠茶研磨法，把一小包茶葉倒入石磨中央孔洞，花點力氣轉動就能研磨成綠茶粉了，可帶回旅館沖熱水飲用。

（下圖右）博物館展示各種日本茶的形態。
（下圖左）碾磨抹茶粉體驗既有趣還能帶走自行沖茶來喝。

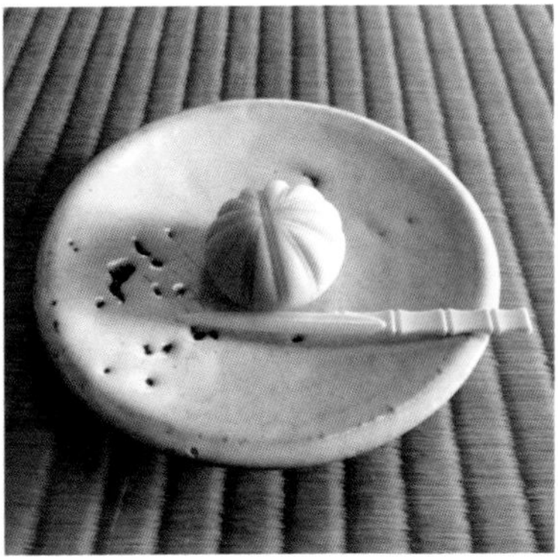

現打抹茶搭配和菓子就是難忘的下午茶。

　　但這可是茶的博物館，光看怎麼夠？建議購買茶室的套票，先參觀博物館，再到茶屋內不同格局的日式榻榻米茶室，喝茶師用炭火燒煮開水、沖擊茶粉後奉上的現打抹茶及和菓子。禮品店有賣在地的金谷茶、島田茶和抹茶羊羹、茶具等，也可一逛。

　　靜岡茶聞名的茶有天龍茶、本山茶、掛川茶、川根茶、島田茶、金谷茶、奧大井茶等，群芳競艷，較低海拔區的茶葉為了抑制苦味，加長了蒸菁的時間，稱為深蒸煎茶，泡綠茶千萬不要用滾水，會把纖細嫩綠的葉子燙傷，使用約八十五度的開水沖泡，色澤鮮翠動人，喝了滿口生津。

　　與臺灣相比，臺灣製茶都採炒菁法，技術難度較高，例如三峽龍井茶，同時喜愛有醱酵程度的茶如清茶、包種茶；日本人則偏愛不醱酵的綠茶和煎茶，所含的葉綠素、兒茶素較多，茶湯綠色，帶有茶菁香。

　　日本綠茶品種可分類為覆蓋茶類的玉露、覆蓋茶、碾茶，以及煎茶類的煎茶、玉綠茶等，另外，番茶也是常見的茶品。分不出來有什麼不同嗎？茶的妙處光紙上談兵是沒有用的，還是走一趟博物館吧！實際上喝喝看，就會知道自己喜歡什麼了。

　　不過，光喝茶可填不飽肚子，茶點也只是墊胃而已，我還是想要吃正餐啊！沒問題，博物館裡也有附設餐廳，並且在菜單設計上別具巧思，例如蕎麥麵是綠色的，為什麼呢？

到此必吃翠綠爽口的抹茶蕎麥麵。

當然是因為揉入了抹茶粉囉！相比普通蕎麥多了一分高雅的芬芳，沾上以當地食材熬煮成的醬汁，馥郁芳醇，讓人忍不住發出簌簌的吸麵聲。

有些套餐會附上靜岡縣產的生山葵，肯定有人會說：「啊？山葵？那不就是哇沙米嗎？那麼辣的東西我可不敢吃！」但請只吃過合成山葵的人，給生山葵一個機會吧！生山葵帶著一種天然的圓融，雖也有辣味，但辣之下兼有一抹甜意，濃縮了靜岡高山上清冽的泉水，層次豐富、餘韻無窮，吃了絕對會對山葵改觀。

在餐廳吃得肚子飽圓，該找個地方散步消食了。快前往博物館的庭園吧！日式庭園在精巧中塑造出悠閒感，是復原安土桃山時代江戶「遠州流」茶道宗主暨建築家小堀遠州設計之作，池水廣闊，是能夠乘小舟遊覽的「舟遊式」庭園，岸邊的茶室方正，水中的島嶼蜿蜒，直線與曲線對立的衝突美感令人耳目一新，抬起頭，便能遠眺富士山和茶園。

夕陽西下，到了博物館的關門時間，沒想到能在博物館花費一整天吧？遊客們享用完美食綠茶，也參加了各種製作體驗，逛完展示和庭園，終於依依不捨地返回金谷車站。只有我還在伴手禮區苦苦思索，深蒸茶風味特殊、煎茶韻味醇厚、抹茶飽滿濃馥，我該如何是好？等等，怎麼還有賣抹茶蕎麥麵啊！

「想買茶就都買啦！接下來的旅程天天泡天天喝不就行了嗎？」巴士的時間逼近，友人催促道。

天天喝綠茶，很棒很健康！我深以為然。舊時東海道上的旅人，肯定也在茶亭歇腳眺望富士山，可見喝茶是旅行的一環，我才沒有敗家呢！

心滿意足的我們踏上歸途，飄揚著滿身茶香，前往下一個驛站。

Info

若行程安排尚有餘裕，也可以在金谷的前一站「島田」下車遊覽。島田市就位於東海道本線上，到了這站，最重要的遊法就是先走一趟長長的蓬萊橋，這可是金氏世界紀錄認證「世界最長木造步道橋」呢！再到島田市博物館、大井川川越遺跡等地觀賞，也可以到島田市玫瑰之丘公園散步，玫瑰季節時超過八千株玫瑰盛開，目不暇給，再至伊太和里溫泉泡湯。

另外，春天時不妨到大井川鐵道的「大井川本線」賞櫻花，拍火車朝著櫻花粉紅隧道駛進車站的情景，是攝影迷和鐵道迷的標準行程。從鐵道線上的大和田站到日式木造建築的家山站，沿途栽種櫻花，有如隧道迎接著蒸汽火車揚高汽笛聲前來報到，配合川根櫻花祭，火車頭也貼上櫻花形狀的「櫻花號」圖案，並且加開班次接送遊客，吃完這裡道地的抹茶鯛魚燒，訪客還能到附近綠地公園賞夜櫻。

名古屋城與熱田神宮

名古屋是愛知縣的首府。最著名的美食首推令人垂涎、吃了還想再吃的比內地雞「手羽先」，雞翅炸得薄皮香酥脆，上桌時熱氣還會燙手，鎖住雞汁的雞肉鮮嫩無比，必得現吃才能體會。口味有原味也有擠上紅味噌醬的，建議都點來吃，作個比較。

在名古屋站，就可以吃到道地美食紅味噌炸豬排、竹片便當內的名古屋「比內地雞油雞飯」，因為紅味噌是名古屋的特產，例如常滑市紅味噌

名古屋的早餐享譽全日本，錯過可惜。

就享有盛名。常滑市位於名古屋南方，面臨伊勢灣，海景出色，味噌名氣極大，已有兩百多年歷史，是跟招財貓齊名的常滑名物。

味噌是日本自古以來最重視的調味料兼營養補充品，戰國時代各將軍陣營移動時，味噌是重要物資，而製作味噌的秘方和廚師同屬戰士保護的重點，紅味噌味道較鹹，不但下飯，也兼可補給流失汗水中的鹽分，恢復體力。而名古屋名產「八丁味噌」是黃豆製成的，色澤暗紅，濃郁中透著辣味，在地名號最響亮的是「盛田味之館」，設有小型博物館，可免費參觀。

愛知縣在舊國名中分為「三河國」和「尾張國」，戰國梟雄織田信長正是以尾張為根據地，開始統一天下的霸業，可惜壯志未酬，不然也許「江戶幕府」會變成「尾張幕府」也說不定。

尾張西邊，「東海道五十三次」的第四十一個宿場「宮宿」，也稱為「熱田宿」，就位在今日的名古屋市，名古屋城下，神社「熱田神宮」的附近，是熱田神宮的門前町（以神社為中心的廟街），也是東海道上規模最大的宿場，同時還是唯一連結海路「七里之渡」的港城，繁華程度可見一斑。

如果是在清早到達名古屋，別急著跑景點，先吃「名古屋早餐」才是當地風格，名古屋的「朝食文化」全國知名，但可不是傳統的日式早餐喔！昭和時期，名古屋由於地價便宜，興起了個人營業的喫茶店開業風潮，成為咖啡店超級激戰區，為了攬客，喫茶店開始做起洋風早餐，奶油吐司、水煮蛋加上咖啡，便宜又美味！緊接著因想做出差異化，在吐司上抹紅豆泥，便造就紅豆泥吐司這道經典的名古屋早餐。會選擇紅豆泥，據傳是因為江戶時代之後抹茶普及，富裕的名古屋連市井階級都可享用抹茶與和菓子，和抹茶最為對味的紅豆泥自然是愛知縣人的首選了。

咖啡馨香，吐司焦脆，抹上紅豆泥，或者鮮奶油加上以當地當季水果製成的果醬，一口咬下，鬆軟卻有嚼勁，酥熱糯甜，無限滿足，名古屋的一天這才能宣告啟動。

元氣滿滿的早晨拉開序幕，來去名古屋城觀光吧！名古屋城號稱日本最美城堡，是十七世紀初德川家康在關之原會戰後下令建造的，作為江戶幕府的東海道要津，具有防禦關西大阪方面武力的功用，德川家康為此決定從清須遷府至名古屋。從城堡的地址：名古屋市中區本丸1-1，就知道它是德川家康所認為的全名屋的中心點，地位重要，因而自此它就是名古屋的象徵，被歌詠為尾張藩主德川之城，名古屋因城而盛。

德川家康命令加藤清正、福島正則、前田利光等北國、西國各諸侯負責土木，動用全國諸侯之力建造，稱為「天下普請」，「普請」原本是指寺廟拜託眾多信眾修建而成，之後也延伸為代指建築工程，名古屋城的這個普請，動員了全天下，確實是世間少有的大工程了。

名古屋城的築城技術極優異，是桃山時期的代表大作，別號金鯱城，選材天然檜木建成仿唐式書院造型建築，屋內散發淡淡的香氣，與關西兵庫縣的姬路城（別號白鷺城）、九州的熊本城（別號銀杏城）並列日本三大名城。

名古屋屋頂上高踞兩隻金鯱，相當引人注目，金鯱原是可以防火的吉祥物，據說城堡大樑上懸掛金鯱當作防火符咒，始於室町時代前期的城堡輪廓成形期，後來演變為城主權利的象徵，在這裡則宣示著

名古屋城位居日本三大名城，氣勢不凡。

德川幕府的威權。

金鯱造價高達日幣三億圓，造成之後，據傳曾引來大盜別出心裁地以風箏比擬滑翔翼功能，降落在屋頂上欲盜取金鯱，幸未得逞。

天守閣城堡中央高樓中的文物展示，從最高層眺望隨

防火吉祥物金鯱宣告著德川幕府的至高權柄。

金漆飾底的猛虎壁畫展示城主的威儀。

著四季變換的庭院之美，皆是遊覽重點。多數的建築物包括大、小天守閣及本丸御殿在第二次世界大戰中遭空襲燒毀，東南、西北、西南三個望樓及表二之門、東二之門、御殿松樹等屏風畫倖免於難，被列為國家重點保護文物。但現在的天守閣在二十世紀被重建，御殿迎賓室的虎畫也依照原樣修復。懸掛金漆飾底的猛虎壁畫，對於等候拜見城主的訪客有震懾作用，連釘椿也講究唯美。

遊走名古屋城天守閣，由下往上參觀，地下一樓是黃金水井模型；一樓陳列著曾經裝飾在本丸御殿裏的屏風壁畫等重要文化遺產，以及寄贈的刀劍等；二樓於特別展時開放；三樓重現昔日的城下居民區，隨著日出到日落有聲光變化，可聽到叫賣聲等，相當有趣；四樓展示收藏品，包括盔甲、武士刀、火繩槍等出戰配備；五樓放置著比照實物大小而製作的金鯱模型，金光閃閃，可合影留念，還可供體驗嘗試牽引城石，從海報說明裡瞭解歷史。

名城公園內四季都有賞心悅目的花卉，春有染井吉野櫻、紫藤、山茶花、牡丹；夏有菖蒲、紫薇、繡球花；秋有醉芙蓉、紫薇；冬有金縷梅、梅花。除了讓遊客欣賞美麗的櫻花，還會隨著季節舉辦山茶花展、杜鵑花展、秋季菊花展，展出不同名種的全國級別獲獎花卉及造型盆栽，可一飽眼福。

名城公園的山茶花艷冠群芳，讓人著迷。

帶起名古屋繁榮的，除了名古屋城，當然還有神社「熱田神宮」了，熱田神宮神話色彩濃厚，持有日本三神器之中的草薙劍，地位崇高無比，在宮外長廊上，有圖片介紹日本傳說中的古代神話故事：天照大神把三件神器八咫鏡（據傳供奉於三重縣伊勢神宮）、草薙劍、八尺瓊勾玉（據傳供奉於東京皇居）傳世，由天皇代代相傳並守護，代表正統領導權。

宮內有寶物館及織田圍牆，石燈籠高度為八公尺，號

稱是全日本最大的。園內古木參天，弘法大師種植的大楠木樹齡已逾千年，另外還有開花卻不結果的無果梅，值得一看。

戰國時代，織田信長為對抗另一藩主今川義元的入侵，曾在熱田神宮誓師求勝，緊接著突襲今川本陣，成功把今川義元斬殺而擊退敵軍，打贏桶狹間一戰，因此熱田神宮受到織田的尊崇，信長即修砌一座圍牆，用油把土、石灰凝固後，夾混瓦片為壁，與京都三十三間堂的太閤壁、兵庫縣西宮神社的大練壁合稱為日本三大名壁。

日本神話和戰國歷史固然有趣，但對我們臺灣觀光客來說，最令人吃驚的可能是熱田神宮境內無所不在的烏鴉，臺灣極少見烏鴉，而熱田神宮裡面烏鴉成群，我還是第一次發現原來每隻烏鴉的叫聲都不相同，非常好玩。

不過對熱田神宮來說，「鴉滿為患」的狀況可不是好事，囂張的烏鴉會剝取神社木造屋頂的檜皮來築巢、在參拜者用來清潔手口的「手水舍」裡面頑皮戲水，還有各種景物遭到破壞，簡直讓人頭疼極了。

那既然烏鴉這麼壞，為什麼不驅逐牠們呢？原來在中華文化中不祥的烏鴉，卻在日本的神道文化中有一席之地，例如日本古書中有紀載，神話時代的神武天皇東征之時，是「八咫烏」這種三足烏鴉為天皇帶路，烏鴉被一部分神社視為神的使者，受到崇敬，熱田神宮也是如此，宮內的「御田神社」每年在豐收的季節舉辦「新嘗祭」時，還會特別將蒸好的米投往屋頂給烏鴉食用，稱為「烏喰之儀」，神職人員對上神的使者，不敢打也不敢罵，哪有什麼勝算啊？難怪這些黑袍小鳥那麼肆無忌憚了。

拜別愛惡作劇的神使，我們決定前往居酒屋，吃雞翅吃到飽，神武天皇東征，而我們西遊，明天還有明天的旅程，趕緊補滿精力，準備前往下一站囉！

Info

名古屋城交通方式：名鐵瀨戶線「東大手」車站下車，徒步約十分鐘即到。如果要去好幾個地方，可購買地下鐵全線一日乘車券，最經濟實惠。

熱田神宮交通方式：從 JR 東海道本線「熱田」車站步行，不到十分鐘即到；或是出名鐵名古屋本線「神宮前」車站，步行三分鐘；如從名古屋市營地鐵「神宮西」車站或「傳馬町」車站徒步，約八分鐘。

三重縣 伊勢市

伊勢神宮

對大部分人來說，前往伊勢神宮的旅途都是信仰朝聖之旅，但我不一樣，這可是擁有大龍蝦「伊勢海老」和頂級和牛「松阪牛」的三重縣啊！絕對是一趟豪華海陸美食之旅！

話雖這麼說，伊勢神宮在日本確實擁有非常獨特的地位。伊勢神宮的正式名稱就叫「神宮」，冠上地名只是為了跟其他神宮做出區別，沒錯，伊勢神宮就是立於所有神社頂點的神道核心。伊勢神宮的主祭神是「天照大神」，也就是

伊勢神宮每二十年就遷移新建，相當有特點。

太陽神，相傳日本天皇一系是天照大神的後裔，那麼伊勢神宮就是天皇家的宗廟了，事實上，伊勢神宮的祭主也一直都是由皇室中的女性來擔任。

也因為如此，一般人雖然也會前往參拜，但伊勢神宮被認為並不適合進行太私人的祈禱，只能許一些例如世界和平之類的願望，換個角度想，我們就像是跑到隔壁老李家的宗祠去祈禱一樣，難道李家祖宗會保佑我們中樂透嗎？想想也是挺理所當然的。

即使如此，伊勢神宮身為神道的頂點、日本人的信仰故鄉，每年都有將近千萬人前往參拜，從古至今皆是如此，前往伊勢神宮的路途稱為「伊勢參宮街道」，江戶時代，東海道上的「四日市」與「石藥師」兩個宿場之間有一個宿泊地名為「日永追分」，「追分」就是分歧點的意思，從這裡就可轉上通往伊勢的道路。

第一次到伊勢神宮參拜的人可能會覺得建築物看起來很新，不像是有千百年歷史的樣子，這是因為伊勢神宮有「式年遷宮」的傳統，每隔二十年，如同成年一般，伊勢神宮會準備一塊大小比照現有規格的地，重蓋正殿等神殿，把神移到新殿，用意在於注入新能量，維持永生。第六十三次式年遷宮將在二零三三年舉行，為了籌備遷宮，伊勢神宮周圍種滿檜木，無虞匱乏，不過在伐木之前一定要舉行儀式，向神靈稟告，在在都充分發揮究極精神。

伊勢烏龍麵湯少味濃，湯頭以柴魚、海參、昆布等海味熬煮，鮮美至極。

伊勢神宮的殿宇也與一般神社不同，採取最早的「神明式」建築方式，殿宇離地很高，象徵不可侵犯的至高地位，同時還能通風、防水災，連表參道前的燈籠也有著挺拔的高腳柱，使得燈籠猶如一座小木屋。

神宮內分為「內宮」和「外宮」，最初內宮僅開放予皇族、官員奉祭，禁止一般人參拜，且只允許天皇夫婦及皇子供奉錢幣，多年之後才准許民眾入內宮參拜，宮前的商店街門前町隨著繁榮起來，自成商圈，稱為「御蔭橫丁」。

看完獨特的建築、了解了日本的歷史與文化，可抱持悠閒的心情逛逛「御蔭橫丁」，享用手打伊勢烏龍麵、豆腐冰淇淋、和菓子返馬餅等等，然而最有名的還是「赤福」啦！逛街時一定會經過店面最大最醒目的赤福本店，不妨坐進去烤烤火暖暖身子，點用一份小吃價格的赤福盆，享用赤福餅

遊訪伊勢，品嚐紅豆泥麻糬赤福讓人感受幸福時刻。

加上伊勢茶的最佳組合，置身江戶時期的木造老房子，望著當年的招牌、海報，懷舊的感覺立刻湧上來。

赤福是一種紅豆泥包裹著的麻糬，紅豆細膩甜美，麻糬軟Q糯香，一入嘴，滿滿幸福滋味。如果比較怕甜，用清香的伊勢茶解解膩吧！但千萬不要解完了膩又再來一份，還有很多東西好吃呢！

伊勢的碳烤龍蝦鮮甜Q彈無腥味，只此吃得到。

說到吃的，伊勢地區當然首推「伊勢海老」囉！「海老」就是蝦子，由於鬍鬚長而駝著背，日本人覺得像是海中的老人而得名，但伊勢的海老可不是普通蝦子，而是大隻龍蝦，新鮮上岸的龍蝦用炭火燒烤，鮮香撲鼻，蝦肉溫潤晶瑩、細嫩而甜，沒有一絲海腥味，就是對海鮮最為刁鑽挑剔的人，到這裡來也得吃得舔嘴咂舌、直打飽嗝。

烤松阪牛肉串物美價廉，千萬別錯過。

等等，還沒吃松阪牛呢！著名的松阪地區離伊勢不遠，在這裡吃松阪牛既道地又便宜，烤牛肉串上桌了，肉質細密滑

嫩，脂肪的含量恰到好處，肥而不膩、腴潤豐厚，入口柔軟多汁，咬幾下就綿密化開，一口嚥下，齒頰留香，讓人忍不住趴在桌上大哭，要是以後吃不到這麼好吃的肉該怎麼辦！

肚子裡還有空間嗎？生蠔、章魚等生猛海鮮在等著你，還有釜飯、花枝魚板、手捏壽司……吃不下了嗎？怎麼可以，好不容易才走過長長的伊勢道來到這裡呀！

抱著快撐破的肚子，搖搖晃晃地走在街上，身處崇高無上的伊勢神宮，會注意到不少穿著和服來朝拜的遊客，使得逛街如同穿越時光隧道來到古早時期，十足風雅。到得這裡，看到販賣「生原酒」的店舖，小酌一杯的空間還是有的！冬天喝加了薑的熱酒，呼出一口暖氣；夏天喝冰酒，為逛累的身體帶來舒適涼意，都十分暢快。

終於，肚子再也裝不下任何東西了，原來我也是有極限的！伊勢，真是個豐饒又充滿魅力的地方，如果願望真的會實現，我想在這裡再住一百年！

伊勢神宮
官方網站

滋賀縣　甲賀市

信樂

喜歡陶藝的人一定要來一趟信樂，還有喜歡狸貓的人也是，一出信樂車站，就能看到街道上到處都是陶製狸貓，戴著斗笠、歪著頭的狸貓憨態可掬，一字排開歡迎遊客，是很可愛，但也太多了吧……幾百隻、幾千隻……該不會有上萬隻吧！感覺晚上也免不了作個狸貓夢。

一到信樂車站，就感受到可愛狸貓的歡迎。

信樂擁有為數眾多的歷史、文化遺跡，如同一座天然的美術館，城鎮歷史可追溯到八世紀奈良時代中期，聖武天皇在此建置紫香樂宮之時，為建離宮，需要燒瓦，於是沿著山坡開窯，以宗陶苑為發祥地的這些古窯，就像是橫著排過去的山洞一般，形式獨一無二，信樂陶瓷是日本六大古陶瓷之一，鎌倉時代燒製水缸、壺器等生活用品，地方上始終保存著難得的傳統技術。

紫香樂宮建成不過四年，聖武天皇就又遷都，這個消失的都城遂被稱為「夢幻之都」，西元兩千年時宮町遺址

沿著山坡開建的登窯，已有上千年歷史。

才被發現，當時轟動全國，宮殿遺跡、大佛骨架等都被逐漸挖掘而呈現在世人面前，至今仍是研究奈良時代文學、歷史之人必遊的聖地。

信樂燒的特徵是高難度「柴燒」的控制技術與藝術，磚土窯裡以木柴當燃料，燒到極度熾熱時飄落灰燼，形成表面紅褐色上釉的自然釉色，手感粗糙有種顆粒感，而釉表的底層卻又融合化灰的焦糊，質感古樸，美得優雅、感性。

現代的信樂陶藝家立於傳統高溫燒窯的手法上，進行大膽、有創意的彩繪，又提昇出時尚風味，例如馬賽克陶瓷磚。

散策路旁，隨處可見精美無比的陶藝作品。

信樂最大宗的、到處可見的產品就是狸貓，傳說昭和天皇到信樂町視察時，居民沿道擺放手持小旗的狸貓歡迎，天皇感動，也受到媒體大加報導，從此帶動此地大量燒製狸貓擺飾品。

來到信樂，首先要在城鎮裡順著「散策路」悠閒散步。沿著信樂町的坡道往上走，坡度不陡，慢慢散步參觀燒窯之家，有些陶器店家設有陶藝教室，甚至提供咖啡糕點座位區，歡迎訪客體驗拉胚燒陶，是與師傅們互動的好機會，先支付郵資後，燒製的成品日後會郵寄至訪客住處，如果想當天就隨身帶走紀念品，不妨在奧田忠左衛門窯等幾家店買個小型的陶狸貓，只花約一個小時畫上八種顏色的八福彩繪就好，再乾燥個十分鐘，即可放入行囊作伴，其中，又名「信樂陶藝村」的奧田忠左衛門窯於明治年代開窯，是散策路上最大規模的窯家，堆得到處都是的狸貓陶品，吸引人們不由得停下來凝神細看，觀察每一隻的不同。

逛一逛就到了中午時分，來去「大小屋」吃午餐吧！這家設置有餐廳、教室的大型陶藝主題營業場所，創業於明治年代，堅守信樂陶器傳統迄今，而獲登錄為世界文化遺產的「富岡紡織廠」，也愛用大小屋製作的陶製紡紗釜。

大正時代，大小屋曾製

置身信樂，覺得都被呆萌的狸貓包圍了。

作化學藥品容器、建築物外專用的陶瓷磚，大塚國際美術館的大型美術陶板正是出自「大小屋」登窯，其他知名作品還包括：昭和皇室住所東御苑桃華樂堂外牆的馬賽克陶瓷磚，以及大阪萬國博覽會的岡本太郎畫作《太陽之塔》陶畫呈現品，成田國際機場第二航廈入境大廳裝飾著「日本手工業」的十二件美術品，大小屋的陶器也在其間。

陶藝教室授課、表演並行不悖，表演技法大公開，從正高溫燒製的窯爐中取出陶器，再放入預先鋪好的松葉，再次燃燒後會烤出美麗而有動感的顏色。工房旁還有由工藝師三笘茂美親手打造的蛇窯，特別講究的是窯體傾斜角度，使用赤松為材料，燒陶數日就會綻放出火紅色的自然釉，極需體力、技術，與時間賽跑，這種高難度的傳統至極工藝彌足珍貴，作品展示於大小屋二樓。

看燒陶也不能耽誤吃飯，走進寬敞的一樓，可在咖啡餐廳裡享用到和牛中黑毛牛種的「近江牛」美食如牛排、壽喜燒火鍋、牛肉蓋飯、牛肉咖哩，米是高級的越光米，牛肉油脂較高、肉質柔軟，連著飯放進口中咀嚼，焦香油花滲入甘甜米粒，鮮腴豐滿，回味

在地的近江牛肉搭配咖哩飯，大大提升滿足感。

無窮，搭配套餐的多款傳統醬菜、生菜沙拉、取自附近自有香草園的新鮮香草植物，清新百分百。也可歇腿休憩享受香草茶與蛋糕，毫無壓力地參觀食器、花瓶、陶藝品、室內外裝飾物等生活用品，不虛此行。

胃滿足了，當然要繼續陶藝之旅囉！從大小屋漫步十分鐘，到達以陶藝創作、研究、陳列、國際陶器藝術交流為主題的「陶藝之森」，面積廣大，包括展覽來自世界各國及信樂的「陶瓷藝術區」、介紹多種信樂燒的「產業展示館」及陳列著現代陶瓷的「陶藝館」，

信樂燒製陶器火鉢始於江戶時代，陶藝之森火鉢路旁展示大量火鉢。

如果有帶小朋友，不用擔心展覽枯燥，園區內確實像一座森林公園，盡可在草皮上瘋跑，爬上山坡，從太陽廣場俯瞰綠大地，雲淡風輕，盡情享受信樂陶瓷的美。

太陽要下山了，沉浸在藝術與觀光之中，時間竟然過得這麼快。我很喜歡信樂的親民和樸實，身為一個陶藝美術重鎮，信樂用逗趣的狸貓拉近距離，展現生活化的一面，美術並不高高在上，陶藝的存在是為了點綴平凡的日常，讓日子過得更開心，如同旅遊一樣，是每次想起便能會心一笑的小確幸。

「還是買個狸貓擺飾回去當旅途的紀念吧！」我們站在店門口猶豫。

「這次可不能說都買了，這裡有成千上萬的狸貓呢！」

「快點決定，你是不是想要故意錯過電車，再住一晚旅館好吃近江牛涮涮鍋啊？」

「嘿嘿，被你發現了。」

夕陽把影子拉長，我們拖著行李箱奔向車站，無數的狸貓夾道相送，在夢幻的光影之中，彷若真實，蹦蹦跳跳、歡快揮手。

Info

信樂町觀光協會
官方網站

草津

滋賀縣 草津市

滋賀縣西側緊鄰著京都，因此自古就是京畿重地，尤其是戰國時代的政治重心，時至今日，遺留有大量的古蹟，全日本面積最大的湖泊「琵琶湖」也位於滋賀，所以滋賀古名「近江」，正是鄰近琵琶湖的意思。

到滋賀縣，宛如進行一場穿梭時代之旅，戰國時代德川家康在大定天下的「關之原」戰役中獲勝，次年就在東海道設立了五十三個驛站，作為連接京都到江戶的要道，即「東海道五十三次」。其中甲賀市建有的宿場「水口」號稱「留客第一街」，甚至鎮民建造曳山，即祭典山車，獻給水口神社，祈求城鎮發展，繁華盛極一時。

有名的近江和牛、好吃的近江米皆為必吃美食，藝術品首推地方傳承的信樂燒，還可遊賞近江八幡的遊船，體驗甲賀忍者忍術，啜飲散發獨特香氣的朝宮茶、量多質佳的土山茶，帶茶葉或狸貓陶製品伴手禮回家。

來到第五十二個宿場「草津」，已經靠近旅程的終點，可以感受到宿場文化在此地留下了筆墨濃重的色彩。

草津在東海道上的位置至關重要，除了再往西即是京都，還因為這裡是與「中山道」的分道揚鑣分歧點「草津追分」，路面上人孔蓋就清楚標示著往東海道或中山道的方向。中山道是江戶時期的另一條古街道，同樣連接江戶日本橋與京都三條大橋，但相對於經由太平洋沿岸的東海道，中山道通過埼玉、群馬、長野、岐阜等內陸地區，與東海道呈現完全不同的風景，也很適合當作長途旅行的目標。

草津史蹟老街中央，還留著草津道標，石燈籠柱上兩面

依據草津史蹟老街的道標，東海道、中山道分道揚鑣。

刻著「右東海道」、「左中山道」，樹立於江戶時代，由商人捐獻而建，並長期供奉燈箱費用，夜間也照明，使得過往旅客有所寄託。

來到草津，肯定要參觀「草津宿本陣」，本陣意即諸侯、幕府官吏等特權階級的宿場，身居東海道和中山道交匯、分岔的交通要衝，草津宿本陣迄今已有一百多年歷史，是國家級史蹟，保存住了當時江戶街道、建築物的古風古調，從長長的榻榻米走廊及布置、物件，可想像江戶時代的生活影像，感受到達官吏使在此入住的派頭，門口的玄關廣

高官權貴下榻的房間，雖在旅途中仍講究氣勢。

間是轎子的停放處，「上段間」房間中央有塊高出來的地板，是諸侯等最高貴人物住宿的房間，入口處掛著的房間木牌子「關札」會寫上入宿者的姓氏、職銜，地位較崇高者當然會住在裡頭最豪華的房間，周遭由家臣、侍衛保護，並有廚師製作料理的廚房。

往下走到草津宿街道交流館，館內收藏古時街道和草津宿的歷史資料，可透過模型一窺草津宿樣貌，並展示葛飾北齋、歌川廣重等人的浮世繪以及昭和年代發行的火車票等珍藏。可在二樓利用木刻版、印色完成給自己的浮世繪紀念

模板上推平紙張並上色，就是最好的浮世繪紀念品。

品，並換穿江戶衣服拍照，是個相當平易近人的觀光景點。

然而最令人印象深刻的還是當時的飲食復原模型了。

參考當時將軍餐食內容的模型，可知取材不易。

「啊？將軍來了也只吃這樣嗎？」我們站在玻璃櫃前大眼瞪小眼。

「飯、味噌湯、小菜加一條魚……這不就只是普通的烤魚定食嗎？也太樸素了吧！」

「不，還有更樸素的，你看文字說明，沒錢的旅人只能在不供餐的旅館啃乾糧。」

「身為現代人未免太幸福了，我們可是在進行東海道美食之旅呢！要是啃乾糧我就不來了。」

「我也不要！」

心有戚戚焉的我們走出了街道交流館，雖然說是要盡量複製東海道之旅，但關於飲食文化方面……還是算了吧！古代有古代的好，空氣清新、景色優美，一步一腳印的踏實旅程，慢悠悠卻也深刻，不像我們現代人，坐著新幹線能從東京「咻」一聲到達京都，也就沒有那種慢活之旅的快樂了。不過美食方面嘛，還是很感激這個便宜又便利的時代，吃得豐盛，旅程才會更加開心嘛！

Info

草津宿官方網站

滋賀縣

琵琶湖

滋賀的藍寶石——琵琶湖，從地圖上看來像是倒懸的琵琶，因而得名，在戰國歷史中極具地位，織田信長深信掌握了湖東近江就能得天下，所以在湖畔建立安土城，可惜毀於戰火中，今日來到安土城跡，感嘆曾是日本第一大城的安土城只剩殘垣斷壁，仍可望見琵琶湖、比叡山，日本正展開為期二十年的舊城重建，十幾年後或可重現世人眼前。

來到滋賀，不去看琵琶湖可不行啊！琵琶湖是日本最大內陸湖，占滋賀縣面積的六分之一，供應京阪神地區的居民用水，總湖岸長達兩百多公里，湖水最深處一百多公尺，並有人工疏濬水道，從琵琶湖流出的河流依序為瀨田川、宇治川、淀川，最後流入大阪灣。

由於琵琶湖實在太大了，「那我要從哪個車站過去？」可謂大哉問，主要看最想去的景點在何處，或是根據旅行行程安排，例如進行東海道之旅途中，可以從「大津」車站步行十分鐘即可到湖邊，大津就是「東海道五十三次」的最後一個宿場「大津宿」，與京都之間隔著交通要道「逢坂關」，從京都跨越逢坂，等於踏上長途旅行，在交通不便的古代，充滿不可知的危險，詩歌文學之中，「越過逢坂，我們是否還能再相逢」永遠是充滿淚水的離別主題。

當然，無論從哪個車站開始，繞行琵琶湖一圈，就能欣賞到「琵琶湖八景」，是充分享受琵琶湖最好的選擇。樹林深處的比叡寺，是朦朧的「煙雨」；從瀨田石山的唐橋望見清流和水中夕影，夢幻般的「夕陽」；雄松崎的白沙灘，吹拂而過的「涼風」；海津大崎的珊瑚岩礁似從霧中升起，清晨迷人的「曉霧」；隔著琵琶湖和余吳湖眺望賤岳的山頭，冬季最美的無非「新雪」；月光下的國寶城彥根古城，「明月」為一切覆上神秘面紗；竹生島的翠綠倒影，是無邊的「深綠」；安土八幡的水鄉，溫柔如一抹「春色」，都令人心動不已。

在湖的狹頸處建有琵琶湖大橋，連接湖西的大津市及湖東的守山市，大津港的水舞表演很聞名，每晚在長達近兩百公尺的防波堤上演，高揚的水柱隨著五彩燈光射出成舞，

琵琶湖在地美食近江牛，油花勻稱，口感柔腴。

把琵琶湖的夜晚點綴得倍加動人。

大橋兩旁有人行道及自行車道，橋以北稱為北湖，以南稱為南湖。琵琶湖是重要濕地，生態體系豐富，珍珠養殖出名，魚、貝種類繁多，是淡水魚的寶庫，尤其盛產鯽魚，使用傳統發酵法做成的鯽魚壽司（鮒寿司）從第八世紀就登記在文獻裡，在鹽漬鯽魚肚裡塞進白飯再發酵，酸味、風味均獨特，有機會不妨試試，此外，香魚產量也很豐實，在地美食以羊羹、彩色蒟蒻、近江牛深受歡迎。

八景之一的「新雪」賤岳，位於滋賀縣長濱市境內，是戰國時代因「賤岳之戰」而揚名的場地，豐臣秀吉在此成功統領織田信長舊部，踏上統一大業之路。搭纜車直抵賤岳稜線之上，再步行十五分鐘就到山頂，俯望琵琶湖和賞雪，視線一覽無遺。

如果先到山王總本宮日吉大社，就可在此搭纜車上比叡山，造訪延歷寺，搭纜車時能夠鳥瞰琵琶湖，一泓水光與山色交相映，心曠神怡。

或是嘗試一一走訪江戶時代選定的歌川廣重浮世繪中代表作「近江八景」：石山寺的「石山秋月」、瀨田唐橋的「瀨田夕照」、粟津原的「粟津晴嵐」、東南岸上矢橋的「矢橋歸帆」、三井寺的「三井晚鐘」、唐崎神社的「唐崎夜雨」、浮御堂的「堅田落雁」、比良山的「比良暮雪」。

在比叡山之後，可搭電車往南到滋賀歷史最悠久的寺廟石山寺，位於滋賀首府、以大

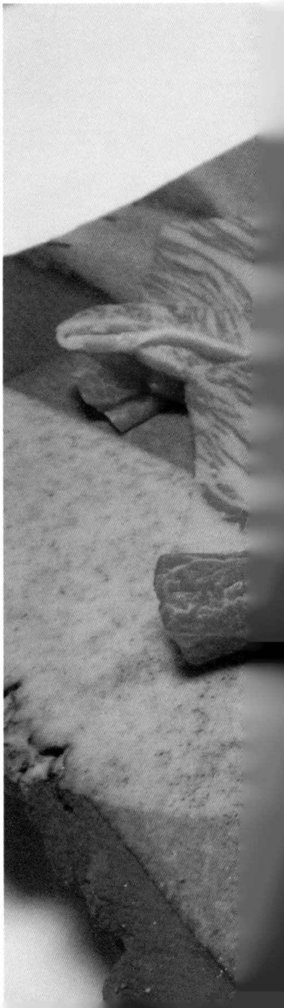

津彩繪吸引焦點的大津市，石山寺創建於八世紀，已有一千多年歷史，這裡有展望台可就近眺望櫻花掩映下的湖景，更有如夢如歌般的美感，石山寺因此榮登「近江八景」之一「石山秋月」的賞月名所，寺裡珍藏才女作家紫式部的長篇小說《源氏物語》文物，傳說紫式部在石山寺閉關時，中秋夜遊琵琶湖水映圓月，靈思泉湧而展開全書構思。

　從表參道走到石山寺，綠樹、楓紅交替展現風姿，可先到拾翠園稍歇再入寺敬拜，寺後又有無憂園，靜謐優雅，與古木為伍，確實令人忘憂。而

如烈火燎原的楓，獨佔秋色鰲頭。

神社前的櫻花清麗出奇。

寺前即有瀨田川可泛舟，也值得參觀。春天則可順道走到三井寺賞櫻，也可至山王總本宮日吉大社走走，神社前的參道會配合季節向遊客展現櫻的嬌美、楓的艷麗，讓人感受到被繽紛美景迎接的愉悅。

而從「唐橋前」車站下來不遠處就是瀨田唐橋，與京都的宇治橋、山崎橋並列「日本三名橋」，從東海道前往京都，必須要渡過或是繞過如海般的廣闊湖泊，比起「泳渡琵琶湖」，架設在瀨田川上的瀨田橋是最好選擇，這唯一的橋樑不僅是交通要衝，也是防衛京都的軍事重地，自古就有

「制唐橋者制天下」的說法，以唐橋為舞台的戰亂多次發生，唐橋也不斷燒毀再重建，至今仍為琵琶湖兩端的人們提供交通之便。

唐橋明明澈底損毀過無數次，平安時代的和歌中，瀨田唐橋卻常常作為經年累月也不損壞的不變之橋受到吟詠，被賦予「永恆」的印象，文學與事實的落差，是基於唐橋的重要，也象徵人們的浪漫精神寄託，西落的夕照只是一瞬間，但美的印象烙印在眼底，便是千秋萬世的；再遙遠的旅途也總有一天會結束，但滿足的回憶充斥心間，便是不可磨滅的。

孕育了無數文學、美術、故事的「近江之海」琵琶湖，終於迎來了鐘鳴漏盡的時刻，遊客們三三兩兩地離開，遺下春色與暮雪、曉霧和夜雨，留待明朝，伴隨著天光乍亮，田園翠綠、水色明媚，揹著行囊發出讚嘆的，是新的歸人。

Info

滋賀琵琶湖觀光情報官方網站

▼從初代唐橋傳承下來的「擬寶珠」，蔚為一大特色。

京都府 京都市

三條大橋

「終於——到啦！京都！三條大橋！」

江天一色，澄澄的鴨川平緩地流淌在京都的市街之中，東海道的終點，三條大橋架於鴨川上，承擔著溝通兩端的作用。

三條大橋被認為首設於室町時代，十六世紀有豐臣秀吉命令改修三條與五條大橋的紀錄留下，因為交通地位重要，與由當地居民自主維修的「町橋」不同，在江戶時代，一直都是由幕府出錢維護，由於木橋容易老化腐朽，各個時代都有重建三條橋的歷史。

現在的三條橋雖然是鋼骨構造，依然盡力保持著江戶時代的外貌，木造欄杆久經風霜，透著年歲累積的美感，與歌川廣重的浮世繪互相對照，仍能遙想數百年前的勝景。

在橋的旁邊，設置著江戶時代以東海道為主題的、十返舍一九的旅遊小說名著《東海道中膝栗毛》主角「彌次郎兵衛」和「喜多八」的雕像。

第一次聽到這本書名的人肯定會楞一下，這是要怎麼斷句啊？答案是「東海道中・膝栗毛」，「膝」是膝蓋，泛指包含膝蓋上下的雙腳，「栗毛」是馬色的一種，代指馬

兩位小說主角是最具代表性的東海道旅遊人物。

匹，在漫長的東海道旅程之中，一般的老百姓不像達官貴人有駿馬、轎子可以乘坐，唯有把自己的雙腳當作馬，徒步旅行，邏輯類似我們說的「十一號公車」，充滿小人物的幽默與自立自強。

《東海道中膝栗毛》是一本戲作小說，描寫兩位主角遭遇人生中的失敗而拋開一切踏上旅程，旅途中發生的各種有趣事件，閱讀著這些滑稽熱鬧，讀者捧腹大笑的同時，也若有所思，數百前的旅人和我們沒什麼不同，旅行或許是逃避、或許是尋找，但最終都會到達終點。

「唉，東海道之旅結束了，好寂寞啊。」興奮地拍攝完大橋和雕像，我喪氣地趴在欄杆上。

「雖然很感傷，但旅程就是要會完結才值得珍惜啊！有終點的事物，最重要的是過程嘛！」

「就像人生一樣是吧？但還是很寂寞啊——」

「那換個角度想，雖然三條大橋是從江戶開始旅程的終點，但也是從京都開始旅程的起點啊！從這裡再重新出發，不就好了？」

「終點就是起點，說的對！」我振作起來，「走吧，去京都觀光囉！本願寺、清水寺、伏見稻荷大社都在等著我們！」

「哈哈哈，怎麼都是廟啊？」

「抹茶、京野菜、宇治金時、湯豆腐！」

「真的很愛吃耶！」

江戶時代的旅人雕像，目送著我們揹起行囊，嘻嘻哈哈地離開，古今中外的旅人大同小異，但每一段旅程都截然不同，京都湛藍的天空下，鴨川如千百年前那般脈脈前行，清亮水面倒映出姿態數經變幻，仍屹立不搖的橋樑——三條大橋，是東海道的終點，也是東海道的起點。

三條大橋交通方式：京阪電車「三条」車站，或者京都市營地下鐵「三条京阪」車站下車後即到。

Chapter 2
古蹟及日式庭園篇

最美建築，源於文化

是因為承載了歷史，古蹟才顯得厚重；是因為聚集了信仰，廟宇才充滿莊嚴；是因為融合了藝術，庭園才格外特別。透過一磚一瓦，夢迴千年之前，不同的文化，造就了不同的風景。

岡山後樂園

出雲大社

嚴島神社

熊本城與熊本熊

水前寺成趣園

岡山後樂園

三百年前的某一天，岡山縣內的諸侯庭園「後樂園」中，一隻丹頂鶴飛到前庭，當時的藩主池田綱政認為吉祥，大為欣喜，寫下了讚頌白鶴的和歌。隨後，由於被譽為「日本三名園」之一，來訪的騷人墨客絡繹不絕，白鶴在梅林中漫步的優雅姿態，也牽動了無數人的心，收穫一篇又一篇的詩文。

後樂園是以迎賓樓「延養亭」為中心的池泉回遊式庭園，不但腹地廣闊、風光宜人，背景更借了蒼翠遠山和雄

偉岡山城的氣勢，讓庭園不單只是庭園，更有深邃的遠景環繞在外，得天獨厚。

該在融融春日到訪後樂園嗎？染井吉野開遍園內外，粉白色的櫻花通道籠罩著散步小徑，唯美浪漫。或到四月下旬，唯心山上，鮮紅杜鵑華麗盛開，與新綠春山形成炫目的對比。

又或者夏季更好呢？花瓣繁複的牡丹如盛世美姬，粉色的芍藥則是妍婉佳人，教人抓耳撓腮，選不出園裡最美的一位。六月，梅雨帶來朦朧的霧幕，白色的、紫色的燕子花嬌俏地立在模糊細雨中，被水

池泉回遊式庭園以綠景、山景、水景悠遊頤養身心。

從庭園仰望岡山城，還可串連城堡遊程

浸潤，反而更顯顏色鮮亮。再等到雨季過去，「花葉之池」中的白蓮「一天四海」就要綻放，也唯有這娉婷花葉，能澈底凸顯泉池水流的匠心獨具。

抑或秋季才別有風味呢？當荏弱荻花悠然舒展，園內便吹起了第一縷秋風，但要待到楓葉如火如荼地燒起豔色，還是得深秋，「千入之森」中，迎風招展的紅錦如同綢緞一般鋪開，華美得引人讚嘆。

潔白的雪花飄然而落，要不還是冬天吧？越冬的茶花一襲穠華紅裙，北風推動枝頭，便與紛飛白雪旋舞不止，熱鬧又寂寥。梅林周邊，清雅水仙

散發著甜意，最冷的嚴冬時節，紅梅與白梅毅然迸放，遠看冰清玉骨，走近卻是寒香撲鼻。鶴舍周圍，黃色的蠟梅嬌美可人，暗香浮動，歡迎著遊客。

那還能怎麼辦呢？不如住在後樂園得了，一年四季，有山有水、有花有雪，夜間有「幻想庭園」點燈秀，還有各種採茶祭、賞月會等活動，不多多參加，哪能值回票價啊！

「那你怎麼不說還有四季庭園便當呢？」友人搖搖頭。

「這個確實也很重要！季節限定便當，不蒐集齊全怎麼行呢！對了，是不是還有梅林產的梅酒和梅子果醬？」

那些沉醉在梅香鶴鳴中的諸侯和文人一定不會想到，有人是為了吃便當而來的吧！不過後樂園的有趣服務不只便當，還和婚姻情報雜誌以及市政單位合作，可以在岡山縣內的公所提交後樂園版本的結婚申請書，不同於一般全白的文件，這版本有著特別圖案：蔚藍天空與粉色桃花填滿邊框，空白處印著背景為岡山城的後樂園，池水畔兩隻丹頂鶴深情相對。

丹頂鶴是一夫一妻制的鳥類，成婚後恩愛兩不疑，共同分擔育雛等「家事」，可以說是最佳模範夫妻，確實很適合擔綱結婚申請書的代言人。心動了嗎？順便再來後樂園裡

後樂園初夏燕子花盛開，美不勝收。

走在榮唱橋上，欣賞池中挺立水面的蓮花，沁人心脾。

拍個婚紗照吧，貫徹始終嘛！無論是花繁似錦，還是綠草如茵，漫遊四季都美如畫卷的瑰麗庭園，肯定會是一生難忘的回憶。

Info

岡山後樂園
官方網站

島根縣 出雲市

出雲大社

如果要去出雲大社，農曆十月是最好的月份了。為什麼會是農曆呢？日本不是都過新曆的嗎？除了擁有千年歷史所以重視傳統文化之外，還由於十月的古名「神無月」與出雲地區大有關聯，相傳十月時各地神明都離開居住地來此開會，所以全日本的十月都叫做「神無月」，唯有眾神雲集的出雲，把十月稱為「神有月」，特別極了。如果能在農曆十月前往出雲大社，就能參加許多平常體驗不到的祭典活動。

要參加出雲大社的祭典活動須先上網申請才能滿足心願。

出雲位於島根縣，是日本神話的故鄉，其中最具有代表性的當然是祭祀著「大國主大神」的出雲大社了！出雲大社是日本壯闊的神話世界象徵，在這裡什麼都是「最大」規格，壯觀的神社建築、擎天的蒼古巨木，連神社前面掛有紙垂的「注連繩」，都是其他地方的幾倍大，充分昭顯氣勢與格調。

作為聖地，出雲大社境內自然是氣氛肅穆，不過其實有很多年輕男女來參拜，因為「大國主大神」也是結緣之神，在古典文獻中也有許多來出雲大社參拜以祈求幸福歸宿的橋段。

出雲地區有許多神話相關景點，很適合串聯遊玩，例如出雲大神西方約一公里左右的海岸線「稻佐之濱」，就是在日本神話之中迎接高天原眾神之地，平緩的海岸線悠然延伸，藍空與綠山相映成趣，祭拜著女神「豐玉姬命」的小島「弁天島」挺立在海岸上，景色宜人，還會舉辦沙灘上的「日落瑜珈」等活動，非常有趣。

到了出雲，必吃的是什麼呢？是麻糬紅豆湯！去過日本的人一定滿腹疑惑，全日本都有麻糬紅豆湯，為什麼要特地跑來出雲吃啊？麻糬紅豆湯的日文叫做「善哉」，而古書中有紀載，農曆十月「神在祭」的送神之日當天，會把供奉用的麻糬與紅豆一起煮成甜品，稱為「神在餅」，而這個「神在」（jinzai），就被認為是「善哉」（zenzai）的語源，那麼麻糬紅豆湯就是起源於出雲囉！

初冬的清晨，捧一碗熱騰騰的甜湯，紅豆綿密、麻糬柔糯，胃暖了起來，熱意沿著血液脈動，將滿足的感覺送往全身，舒服地呼出一口熱氣，冷風中，白霧蒸騰而起，飛向遙遠的天界。

出雲大社的注連繩結繩方向與其他所有神社相反，十分特別。

人間這麼美好，難怪八百萬眾神留戀不去，有了這碗美味，這裡才是真正的天堂呢！

其實以古典語學角度來說，「神無月」與「神有月」的故事應是不懂古語的後人穿鑿附會，此處的「無」不是「沒有」的意思，而是格助詞「の」（no）的古型「な」（na），也就是「神之月」的意思，否則無法解釋為何水量最豐沛的農曆六月會叫做「水無月」，這其實也就是「水之月」、「水的月份」的意思，不過「神有月」之說流傳甚廣，也創造了新的浪漫文化，可見人們對出雲的信仰之心。

十月到稻佐之濱既可觀賞美景又能迎接神靈。

Info

交通方式：在 JR「出雲市」車站轉乘一畑巴士（一畑バス）至「出雲大社」巴士亭。如果自己開車，出雲大社有停車場可供停車。

出雲大社
官方網站

廣島縣　廿日市

嚴島神社

海潮滿張，浩浩蕩蕩地衝向海岸，洶湧滄溟之中，朱紅色的鳥居拔地而起，彷彿屹立於汪洋，神聖而獨特的景色令人屏息——正是位列「日本三景」之一，神秘的海上神殿「嚴島神社」，這獨一無二的奇妙風光，難怪會被選為世界遺產了。

佇立在硬岩上的嚴島神社，令人想在走廊上望海起舞。

但為什麼嚴島神社會建築在海上呢?由於日本信仰「八百萬眾神」，認為山川樹石皆有神靈寄宿，位於廣島外海的嚴島（又名宮島）包含島上的「彌山」本身就是人們的信仰對象，這種山岳稱為「神體山」，大約一千五百年前，廣島當地的豪族在嚴島旁邊建立了神社，為何不直接造在島上，是因為在島上伐木挖土，不就傷害到「神體」了嗎?便選擇在海中岩盤上建築。

到了平安時代晚期，著名的武將、平家家主「平清盛」崇敬嚴島神社，將神社擴建到如今的規模，除了神社中許多建築物被列為國寶，還有平家後代供奉在此的「平家納經」等等，也都是重要的國寶級工藝品。

嚴島神社供奉的主神是合稱「宗像三女神」的三位女神，乃守護航海之路的神明，非常適合這座海洋神社，除了祈禱交通安全之外，據說三位女神都擁有沉魚落雁的美貌，因而也有拜了會變美的傳說。看來這些虔誠合掌的女孩子們，是醉翁之意不在酒，沒有在祈禱回程的航道安全啊!

嚴島神社本身固然重要，但最經典的應該還是高近十七公尺的「大鳥居」了!鮮紅漆木豎立於蔚藍波光之中，不只對喜歡神社文化的人來說是必看美景，連對神道沒有興趣的人，也肯定會感慨一句巧奪天工。同時這也被列為「日本三大鳥居」之一，另外兩個是奈良的春日大社，以及敦賀的氣比神宮。

此外，嚴島神社還附設有表演傳統戲劇用的「舞台」，其中「高舞台」和「平舞台」都是國寶，「能舞台」則是重要文化財，木造舞台由紅色欄杆圍起，柱子上裝飾著擬寶珠，抬眼看去，遠處能眺望到海上的鳥居，既精巧富麗，又氣派宏偉。各舞台加起來一年共會舉行十一次舞蹈，表演者身著華美的祭祀服裝，在神殿莊嚴的注視下，踏著奧妙的步伐進行表演，氣勢凜然，值得一看。其中最知名的是四月的「桃花祭」和十月的「菊花祭」，如果對這特別的祭神舞蹈有興趣，可以選在這兩個季節進行旅行。

說了這麼多，是不是想去嚴島神社一遊了呢？心動可要趕緊行動。深不可測的大海帶給嚴島神社無與倫比的地位，也帶來更多天災，即使建造時在地板等建築上花費大量功夫，近年來全球暖化、氣候異常日益嚴重，大型颱風增加、

退潮時刻望向嚴島神社，遠山襯托出鳥居的神聖感。

海潮兇猛，海平面也上升，為嚴島神社的維持增加無數困難，所以趕快去看看這座不可思議的海上神殿吧！不要等珍貴的世界遺產被揮霍殆盡，才哀嘆計畫趕不上變化了。

Info

交通方式：由於嚴島是離島，必須從 JR 的「宮島口」車站或者廣島電鐵的「廣電宮島口」車站坐船前往「宮島棧橋」，之後徒步約十分鐘可到。

嚴島神社
官方網站

熊本縣 熊本市

熊本城與熊本熊

專程來熊本看熊的人恐怕要大失所望了，熊本其實沒有熊，因為古名「隈本」，「隈（KUMA）」字與「熊（KUMA）」同音，當時的武將認為「隈」包含畏懼的「畏」，不吉利，才改稱「熊本」。不過之後熊本在設立吉祥物時倒是把熊元素用得淋漓盡致，「熊本熊」（くまモン，又譯「酷MA萌」）活潑好動又帶些呆萌，不但風靡日本，還名揚海外，獲得無數粉絲。

想到熊本城或熊本熊廣場（くまモンスクエア），都可以乘坐少見的路面電車「熊本市電」前往，熊本城在「熊本城・市役所前」車站，熊本熊廣場則在「水道町」車站下車，市電搖搖晃晃跑在街道上，與車輛、行人共用路面，窗外的一切都觸手可及，少了一般鐵道的隔絕感，十分有趣。

熊本熊廣場裡販賣著各種熊本熊的相關商品，依據時段不同，還會有熊本熊「本人」出來表演節目，可不要小看這熊本代表的號召力，若要看表演，不提早到場，店內可是會被來自不只全日本，更有海內外的粉絲塞爆，遲來一分鐘都擠不進去。外貌笨拙的黑熊在舞台上

「因未取得授權，無法讓熊本熊與大家相見，但相信大家都知道熊本熊的模樣！也可以掃描P.128的QRCODE至官方網站看可愛的熊本熊哦！」

靈活地唱唱跳跳，底下粉絲也跟著搖頭扭腰，現場滿溢陽光歡樂，看來熊本熊能夠風靡男女老幼不是沒有原因，從偶像身上獲得的充沛精力，肯定能讓這趟旅程都保持氣氛高昂。

熊本是絕對需要這種元氣的，自古雅稱「火之國」的熊本，其實是個天災極多的地區，作為火之國象徵的活火山「阿蘇山」近年頻繁冒煙，由於板塊活動旺盛，熊本不僅要面對火山噴發，還受地震的襲擊，再加上颱風、梅雨時期多發集中豪雨，河川氾濫、土石流、淹水等水害也很嚴重，儘管如此，仍不屈不撓地煥發著生命的光輝。

二〇一六年熊本城的天守閣就在熊本地震中受到嚴重損毀，我到訪熊本時，看到的還是受損的天守閣，自然的威力何其驚悚，石造地基大片流失，像在大地上開出一個爆炸般的窟窿，只有邊緣石塊岌岌可危地支撐著上面的建築物，圍觀群眾們發出了惋惜的嘆息，也許是在遺憾不能入內參觀，也許是在感慨熊本多災的命運。

但又或許，沒有整座城池倒塌，已經是不幸中的萬幸了，搖搖欲墜的天守閣，既讓人震撼且寒毛直豎，又彷彿是一個倖存的奇蹟，熊本縣花了數年時間不斷搶修，以最新技術進行耐震補強，終於在二〇二一年重新開放參觀。

熊本人是堅毅且活力充沛的，春天，為了讓遠道而來的遊客不因天守閣而感到失落，熊本城裡正舉行著新綠祭，各式各樣的攤販販售著美味小吃，海膽可樂餅、柑橘冰淇淋，當然還有熊本當地釀造的啤酒，雙手抱滿食物，坐到舞台前觀賞熱鬧又不失優雅的日式舞蹈，悠揚的音樂飄盪在春日暖風之中，城池裡的大樹應和著沙沙作響，觀眾鼓起掌來，大家的臉上都帶著笑容。

修復前的天守閣，光看外貌就令心痛心。

「再買點什麼來吃吧！」

「啊？你還沒吃飽啊？」

「我這可是在為熊本復興做貢獻呢！你看我是買熊本黑毛和牛的串燒好呢，還是買鄉土小吃黃芥末蓮藕呢？」

「那你為什麼不都買呢？靠你買吃的就可以振興整個熊本啦！」

「好主意！老闆，都給我來一份！」

我一邊跑向旁邊的攤販，一邊想著，我肯定還得再來熊本一次，來看看修繕完成的天守閣、不知道是否肯暫時安分一下的阿蘇山、蹦蹦跳跳的黑熊吉祥物，以及路面電車窗外生機蓬勃的街景。

地震和火山無法摧毀熊本，颱風與水災也不行，在為熊本加油的同時，好像也從這塊充滿頑強生命力的九州土地上獲得了能量，我們是世界的旅人，不管被加諸多少挑戰，還是要挺直背脊，走向下一段旅程。

Info

熊本城
官方網站

熊本熊廣場
官方網站

▶ 柑橘是九州的特產，柑橘冰淇淋香甜爽口。

▼ 熊本城新綠祭的優雅舞蹈充滿文化美感。

熊本文化歷史景點地圖

不只熊本城，日本人推薦5大必訪文化景點

A 山鹿 八千代座

國家指定的重要文化財產，見證繁榮世代庶民娛樂的劇場文化

B 阿蘇 阿蘇神社

擁有2300年歷史古老神社，祈求良緣、心想事成的祈願之地

C 熊本市 水前寺成趣園

近400年日式庭院，隨處可見日本傳統工藝藝術

D 天草 倉岳神社

俯瞰熊本美景的天空鳥居，當地漁民的信仰中心

E 人吉 人吉城址

鎌倉時代建造而成的日本百大名城，悠久歷史的古城

Funliday 為全台最大的免費行程規劃平台，每月超過百萬名會員使用，還能和旅伴共同編輯！規劃行程、購買票券和租車、預訂優惠機票飯店，一次搞定！規劃自由行再也不傷腦筋！

▸ **立即掃描QR 碼，看更多日本旅遊行程吧！**

部分圖片來源：photo AC

熊本縣　熊本市

水前寺成趣園

中國著名的田園詩人陶淵明不願為五斗米折腰，辭官回鄉過上了寄情山水的生活，〈歸去來兮辭〉之中寫到：「園日涉以成趣」，再美的庭園，案牘勞形、沒空遊覽有什麼用呢？園子就是要天天漫步，才能成為樂趣啊！千百年後，熊本藩的藩主細川忠利讀到這句，深以為然，於是將自己的庭園命名為「成趣園」。

池裡的錦鯉
慵懶地徜徉
午後時光。

成趣園原本只是熊本藩主建立在此的茶室，但熊本有著獨特的火山地形，火山岩過濾了清冽的泉水，使此地湧出豐沛的「阿蘇伏流水」，光泡茶賞景太浪費了，後人不斷擴建，形成了以泉池為中心的回遊式庭園，周圍有山岳造景，也有浮石、草皮、植木，「既窈窕以尋壑，亦崎嶇而經丘。木欣欣以向榮，泉涓涓而始流」，慢慢走來如同遊山玩水的小旅行，被認為是模擬「東海道五十三次」的旅途景點。

最有趣的是湧泉池畔還造了一座「富士山」，圓錐形山峰立在如茵綠草上，十分有氣勢，繞著山峰到逆光處，可以拍攝出類似「鑽石富士」的場景，也就是山體黝黑，唯有頂上的日光如同鑽石一般閃閃發光，優雅華麗。

園內還有祭祀著歷任藩主的「出水神社」，神社本身規模並不大，但春秋之際都有祭祀活動，會舉行少見的「流鏑馬式」，「流鏑馬」是一種騎射之術，「鏑」就是響箭，騎在馬上的武士，在烈馬的飛奔之中射出響箭、命中紅心，聲勢驚人，激起一片讚嘆。

觀戰武術表演固然刺激，但我還是最喜歡在庭園裡漫無目的地慵懶散步，深綠濃蔭遮蔽午後暖陽，潺潺水聲帶來一絲清涼，池中的鯉魚也像是在打盹，隨興地擺動尾巴，任由水流托著浮沉，偶爾翻身一動，水面上便激起漣漪，畫出一圈圈瀟灑肆意的圖案。

「這日子真是太舒服啦！我也想歸去來兮，天天逛庭園，『登東皋以舒嘯，臨清流而賦詩』，這才是夢想中的人生啊！」我愜意得伸了個懶腰。

友人立刻潑來一大盆冷水：「賦的詩能換成旅費嗎？不為了五斗米，也得為**22K**折一下腰，不然入園門票都買不起。」

「不要告訴我現實，讓我在夢鄉裡多沉醉一下啊！」

我們嘻嘻哈哈地走過神社與茶室、蒼山和白岩，天空湛藍而湖水碧綠，唯有被這樣的景色環繞，緊繃的神經才會舒緩下來，獲得身心的安寧。人生在世短短數十載，努力的同時，也得學會適時放下手頭的一切，看看早晨的霧靄、松間的新月，天地美景，自成趣味，不好好享受，可就白來這一遭了。

青楓垂映湖面，訴說歲月靜好。

Info

交通方式：搭乘熊本市電至「水前寺公園」，徒步約五分鐘可到達。入口前的「水前寺成趣園參道」有販賣許多小吃，值得一逛，特別是熊本縣的鄉土小吃「いきなり団子」（突然糰子），是由麻糬或小麥粉餅皮包住紅豆泥及當地特產番薯蒸成，雖然做法簡單、材料樸素，但口感扎實、滋味香甜。也正是由於工序單純，即使忽然有來客，也能立刻製作上桌招待，才被稱為「突然糰子」。

水前寺成趣園
官方網站

◀ 逆光拍攝綠丘，就會形成丘頂光環的鑽石模樣。

▼ 夏日的綠丘景致青翠怡人。

Chapter 3
溫泉篇

幸福泡湯，人生舒暢

泡湯不只是泡湯，還是一種卸下肩上重擔的過程；溫泉的療效，不僅能治癒身體的病痛，還能撫慰心靈。當溫泉的水蒸氣漂浮而起，隨著進入沒有煩惱的世界，磁磚或木樑，晴空或星月，名泉或秘湯，寒冬或夏夜。溫泉是一種人生態度，唯有在極致的修養之後，才能全力面對明天。

湯田溫泉

白濱溫泉

川湯溫泉

道後溫泉

別府溫泉

山口縣 山口市

湯田溫泉

日本歷史迷注意啦！本島南端，來到三面環海的山口縣，必住一晚的地點是哪裡呢？沒錯，就是與明治維新充滿淵源、幕末志士曾聚集在此的湯田溫泉啦！

從山口車站搭乘JR山口線，在「湯田溫泉」車站下車，出站就會看到一隻巨大的白色狐狸雕像，據說數百年前，一位僧人發現白色狐狸每晚都把腳泡在泉水裡，於是在田埔之中嘗試挖掘，竟挖出了金色的地藏雕像以及溫泉水源，因而把此地稱為「湯田」，別稱「白狐之湯」。

（圖左）不同商店門口的狐狸石雕手持各家產品，各具造型和趣味。

（圖右）湯之町商店街口石雕，看像是貓，其實是狐狸。

由於白狐是此地的吉祥物，在湯田溫泉的街道上四處散步，便可以看到各種與白狐有關的可愛巧思，例如造型繪畫水道蓋、足湯出水口處的超萌雕像，還有商店街的狐狸系列石雕，每隻狐狸手上都拿著跟店家相關的物品，創意十足。

湯田溫泉的泉水是鹼性單純泉，鹼性泉水擁有知名的美肌效果，單純泉則因為成分單純，不易造成刺激，是很好的療養用泉，讓湯田溫泉被溫泉評論家誇為「名湯」。其中溫泉旅館「松田屋」更有維新志士坂本龍馬、高杉晉作、西鄉

名為湯太的白狐，是湯田溫泉的意象標識。
白狐の湯
白狐が見つけた
湯田温泉へようこそ

隆盛等人在此泡過溫泉，是大名鼎鼎的「維新之湯」，如果是冬季，再加上從山口縣下關地區捕撈的珍味河豚上桌，歷史背景、醉人名湯、珍饈美食俱全，位列許多溫泉評論家的推薦排行榜上。

泡溫泉休養當然很好，但好不容易來一趟山口，如果說唯有一個景點不容錯過，那就非「琉璃光寺五重塔」莫屬了！琉璃光寺位於山口車站附近，寺院境內又稱「香山公園」，是賞梅、賞櫻的著名景點，但最有名的是屹立於庭園之中的五重塔，不但被列為國寶，也是「日本三名塔」之一，

琉璃光寺五重塔是日本三名塔之一。

與京都醍醐寺、奈良法隆寺的五重塔比肩。

古塔風雅，庭園繁華，春天花朵滿園盛開、冬天屋簷被雪覆蓋，襯著寶塔倒映在池水之中，景色典雅華麗，正是「大內文化」的集大成之作。所謂「大內文化」，指的是室町時代以山口為中心的文化，當時統領此地的大內一族仿效京都，將此地建成「西之京」，但又不是完全與京都相同，而是融合在地風格，再加上山口是繁榮的國際海港，與中國等東亞國家頻繁貿易，兼容並蓄、文化多元，形成了屬於自己的美術特色。

琉璃光寺是賞梅賞櫻聖地。

許多室町時代的建築都毀於戰火，大內文化遺留下來的代表作只剩五重塔，以及也在附近的常榮寺庭園，讓人無限唏噓。

常榮寺庭園又稱「雪舟庭」，是室町時代禪僧雪舟所設計的庭園，說到大內文化就一定會提到雪舟，雪舟曾經渡航到當時是明朝的中國學習水墨畫，之後旅行各地進行寫生，將所學融會貫通後創造了自己的獨特風格，也深深地影響了日本的水墨畫，筆下許多作品至今都被列為國寶，在日本的繪畫史中是極為重要的人物。

回到日本後的雪舟以山口為活動根據地，是山口的代表性畫家。從琉璃光寺散步前往山口縣立美術館，剛好可以赴一場雪舟的畫展，筆墨濃淡，

在畫紙上暈染開來，將觀客帶向薄暮的山林、起霧的江上，寥寥數筆，無限意境。盛世是否輝煌，端看這個地方的文化底蘊。

不過，像我們這種一般百姓，吃才是最重要的啦！下午茶時間也到了，不妨在美術館附設的咖啡廳裡，一邊眺望庭園裡的雕塑品，一邊吃塊蛋糕

（上圖）享用起司蛋糕，留存美術館的韻味入心田。
（下圖）來到山口縣立美術館入口，將不虛此行。

吧！我逛美術館、博物館時最喜歡在附設的咖啡廳或餐廳休息，沉浸在剛欣賞完美術品的餘韻之中，同時享用美食，真是身心雙方面的大滿足。

夕陽西下，走在黃昏的街道上，我思索著屬於「西之京」的光影，山口繁盛一時，有許多的歷史人文、自然美景，但也許是東京和京都太過耀眼奪目，以旅遊地而言始終是較為冷門，十分可惜。

但無論歷史上的輸贏，最後山口都締造了屬於自己的文化，留下色彩濃重的一筆，我千里迢迢來到這裡，就是為了看這一筆的獨特色澤。

該回旅館享受白狐發現的療癒溫泉了，我加快腳步，期待著今晚的休憩，也期待著明朝的啟程，想像雪舟那樣，行萬里路，看遍天涯海角的山水，並為之驚嘆、感動，航向越遠的海域，發掘更多的夢想。

Info

山口市地區巴士（コミュニティバス）的路線圖及時刻表，可從山口車站乘坐「大內線」前往琉璃光寺五重塔，在「香山公園五重塔前」車站下車，如果要到縣立美術館、縣立博物館，可在「市役所前」下車。

湯田溫泉官方網站

山口市觀光情報網站中對於琉璃光寺五重塔的介紹

山口市地區巴士

和歌山縣　白濱町

白濱溫泉

藍天如水洗，白雲像棉絮，陽光熱情閃耀，海水在沙灘上畫出了長長的浪裂線，夏天來囉！不過海岸邊眾多的遊客，除了來享受清涼海景，還有一個最大的目的，就是泡溫泉，來到白濱，不泡溫泉怎麼行呢？

炎炎夏日，白濱溫泉打破寒冬泡湯的思維侷限，大海與溫泉攜手迎接這蔚藍的季節到來。

白濱溫泉歷史悠久，可追溯到日本最早的史書《日本書紀》，與愛媛縣的「道後溫泉」、兵庫縣的「有馬溫泉」並稱「日本三古湯」。「白濱」就是「白色海濱」、「白色沙灘」的意思，白濱的沙灘因為是石英砂，呈現漂亮的白色，自古就常被和歌詠唱，聲名遠播，近代為了推廣觀光，也使用「南紀白濱」這個名稱，「紀」就是和歌山縣的古稱「紀伊國」，白濱位於和歌山縣的南方，氣候良好、景色優美，再適合度假不過。

和其他或閑靜、或慵懶的溫泉街不同，白濱因為主要是海邊，整體便呈現出一種歡樂、奔放的假期氣氛，沙灘上人們追逐跑跳、玩耍嬉鬧，處處都充滿歡笑聲，當然，想要一個人靜靜地遠眺海景也是可以的，戴上草帽遮擋烈陽，慢慢散步到岩壁的方向去吧！

白濱附近景點眾多，由於其獨特的砂岩地質易受海浪侵蝕，也形成了值得一看的複雜峭壁，特別是千疊敷、三段壁、圓月島這三個海岸及斷崖被列為國家名勝，是白濱的必看重點。

那就先在千疊敷的岩盤上散散步吧，「疊」就是榻榻米，「敷」就是鋪設的意思，這裡地形廣闊，如同鋪設了千張榻

遠近如同榻榻米壓縮的千疊敷，是必賞景致。

榻米，於是得名千疊敷，砂岩被海浪雕琢，形成一塊一塊交錯的岩層，走在其上，不禁感慨大自然的鬼斧神工。倘若是在黃昏時分來到千疊敷，便可以觀賞夕日沉入廣闊太平洋的壯麗景色，被列入「日本夕陽百選」之一。

緊接著便是景色完全不同的「三段壁」，與寬闊沉穩的千疊敷大異其趣，三段壁是驚險高聳的斷崖，北壁垂直陸峭，南壁向蔚藍大海延伸，氣勢凜然，白雲悠然漂浮，銀色浪花卻激烈撞擊岩壁，海聲喧囂。如果下到被海洋侵蝕而成的洞窟內，還能夠近距離觀賞水花迫近的壯闊光景。

三段壁北壁垂直陸峭很險峻。

到底該在千疊敷觀賞黃昏，或者該眺望海中的「圓月島」，肯定會成為這天的難題。圓月島又叫做「高嶋」，是遠離海邊的一個南北長一百三十公尺的小島，正中央有一個海蝕洞，白天觀賞固然也很有風情，最美的卻還是黃昏。但若在春分、秋分左右來到白濱，不用煩惱了，來圓月島看日落吧！西沉的夕日剛好會落進海蝕洞中，彷彿發光的橘紅色寶石鑲嵌在岩石上，這一年中只能看到短短數秒的奇景，正是白濱最具代表性的自然奇蹟。

人們臣服於夕暮光影的奇特魔力之中，齊聲讚嘆，很快地，黑夜籠罩大地，觀光客逐漸撤離。海面上，夜風低聲呼嘯，即使是烈夏的薰風，吹拂著晚間的海岸時，仍然帶著絲絲涼意——是不是該來洗溫泉了呢？

白濱溫泉古稱「牟婁之湯」，擁有少見的天然碳酸泉，不但能改善血液循環、維持健康，還對肌膚有益，有超

三段壁南壁伸手
潛入蔚藍海洋。

優秀的美肌效果，不只被當地人喜愛，也不乏聞名而來的朝聖者。

　冬天在溫泉裡看著雪花飄落是一樁美事，夏天的溫泉也有其優勢，不像因為外頭太冷而不適合久待的冬季，夏夜的晚風中，把身體泡暖後懶洋洋地坐在池畔，一邊遠望著夜色中隱隱約約的港灣，一邊等著水分蒸乾，讓留在皮膚上的溫泉成分都浸透到身體裡，直到重新感受到海風的冷意，又再一次潛入溫泉水中，發出滿足的嘆息。

　今日的溫泉是今日的歸處，明日的海洋是明日的旅程，我靠在岩石池壁上，全然放鬆下來，側耳傾聽，這安靜的水聲，是溫泉的潺潺水流，還是海的那端，銀白浪花與棕色岩塊的合唱呢？

Info

交通方式：JR きのくに（紀伊國）線「白浜」車站下車，如果是從關西其他地區如京都、大阪前往，可乘坐特急列車「くろしお」，雖然需要額外費用，但能節省較多時間。另外也可串聯和歌山縣其他景點如高野山、熊野三山（見散策篇）遊玩。

南紀白浜觀光協會官方網站

白浜温泉旅館協同組合官方網站

和歌山縣 田邊市

川湯溫泉

布滿小石頭的河岸上，大人、小孩齊聚一堂，有人拿著鐵鍬，有人拿著耙子，也有人拿著小鏟子，不同工具不同效率，但每個人都在全速挖掘，忽然，冒著煙的熱泉從河床上湧出，「挖到溫泉了！挖到溫泉了！」大家綻放笑容，揮灑汗水的三十分鐘終於有了回報──咦？三十分鐘？沒錯，這可不是什麼溫泉探勘紀錄，這就是川湯溫泉的日常。

川湯溫泉正如其名，是可以在河「川」上泡「湯」的野溪溫泉，不需要任何專業技能或設備，有鏟子的話帶支鏟子，或者通常旅館也會提供租借，就能前往河川上挖掘屬於自己的溫泉，這種「挖寶」的感覺，讓各地的溫泉迷都為之瘋狂。

川湯溫泉位於和歌山縣，離聖地「熊野」極近，從熊野本宮乘坐巴士約十分鐘即可到達，附近還有兩個泉質不同的溫泉，分別是「渡瀨溫泉」及「湯之峰溫泉」，若以巴士移動前往，進行溫泉巡禮非常便利。

在這熊野地區的三大溫泉之中，最有趣的還是非川湯溫泉莫屬，畢竟能一邊在河裡玩水、一邊泡湯的溫泉可不多見，在炎熱的夏季，發揮水源的觀察力，完美混合溫泉水和溪水的溫度，創造最適合自己的湯池令人成就感十足，而到了冬季，還有季節限定的「仙人風呂」活動。

「風呂就是澡堂，所以仙人風呂是會有仙人來洗澡的意思嗎？」走過熊野的朝聖道，揹著行囊、風塵僕僕的我們來到溫泉地休養。看著冒煙的河川，我好奇地詢問。

「還有另一層意思喔！日文的『仙』和『千』同音，所以也有『千人風呂』的意思。來，請看——！」

我順著友人指的方向看去，河川上可以看到天然的碎石被堆積成一個巨大的凹槽，裡面蓄滿了溫泉水，雖然有屏風稍微遮蔽目光，但光天化日之下，一堆人正在裡面泡湯——當然，是沒有穿衣服的。

「這不就是超大型露天裸湯嗎？而且還是混浴！」我瞠目結舌。

「對啊，看你敢不敢進去囉！」

池子裡面無論男女都落落大方，但臉皮薄的我躊躇地看了半天，還是覺得混浴完全就是另外一個世界，「咳，至少不要在天色這麼亮的時候吧……」

這個號稱可以容納千人的大型露天溫泉，正是川湯溫泉的特色，冬夜星明，風寒水暖，月色包圍之中，枕著石礫，仰首即是蒼穹，彷彿與大自然融為一體，要去的話還是冬天最好了！並且由於在河川上無人管理，不需花費任何費用。

真的害怕混浴的人也不用擔心，雖說也有裸體泡湯的民眾，但其實官方是推薦穿著泳衣入浴的，也有在溪邊設置更

掛著衣服的屏風後，就是溪邊的千人風呂。

衣室以供換穿泳衣，只是日本裸湯的由來已久，我去的這天沒有看到任何人穿泳衣，看來裸體是屢禁不止了。

川湯溫泉的整個溫泉區較小，沒有明顯的伴手禮店溫泉街，旅館也較少，景點不多，但能在附近的自然景觀裡散散步放鬆，停留一晚還是很棒，和歌山縣冬季盛產柑橘類水果，以橙汁入菜的餐點也十分美味，泡過溫泉、填飽肚子，趿著木屐，我們溜出旅館，呼吸冬夜的新鮮空氣，寒冬正冷，但旅館附近就有飲泉所，喝上一杯溫泉水，健體強身又暖和，能繼續抵禦川畔的冷風。

時近新年，旅館正在舉辦搗麻糬活動，熱鬧的人聲喧囂遠遠傳來，更襯得溪邊風吟蟲

還是設置有更衣室，提供旅客方便。

嗚，十分寂靜。

「不如來個新年新嘗試，仙人風呂？」

「您先請，您先請。」

「我沒帶泳衣啊！」

「不然借旅館混浴池的浴衣來用？」

河川那頭的燈籠亮起，瑩瑩照亮煙霧隱藏起的川面，我們的嬉鬧聲也匯入了潺潺流水聲中，向河流彼端擴散而去。

現飲熱呼呼的溫泉水，身心暢快。

Info

本行程也可單獨進行，但在景點安排、巴士套票購買等方面，串聯熊野三山會比較豐富好玩及划算，詳見散策篇。

龍神巴士熊野本宮線時刻表，同巴士也會到「渡瀨溫泉」及「湯之峰溫泉」，可串聯遊玩。

也可以參考熊野本宮所列出的交通方式，上面有許多不同巴士的連結，可考慮出發點來選擇，幾乎所有巴士都會到達川湯溫泉。

愛媛縣 松山市

道後溫泉

好久好久以前，有一隻受傷的白鷺在岩石間發現了湧出的熱泉，於是每天都來到此地，把腳浸入泉水之中，最終白鷺的傷勢痊癒，再次快樂地翱翔天際，而注意到白鷺舉動的人們，也開始學著白鷺泡湯，這就是道後溫泉的由來。

道後溫泉位於四國的愛媛縣，歷史悠久，與神戶的「有馬溫泉」、和歌山縣的「白濱溫泉」並稱「日本三古湯」。此後道後溫泉不斷出現在日本

的歷史紀錄之中，單純泉的泉質刺激性小，很適合修養治病，而且溫泉自然湧出時的溫度剛好適合泡湯，是日本全國也很少見的不加溫、不摻水的溫泉地。

雖然道後溫泉本來就已經很有名，但為此地錦上添花，發揚國際知名度的是動畫電影《神隱少女》，劇中主角「千尋」工作的湯屋，正是取景自「道後溫泉本館」，這棟建築物同時也是日本的重要文化財，還得過米其林三星的評價，從「道後溫泉」車站走出來的瞬間，古色古香的木造建築物映入眼簾，彷彿置身電影

晴空下的道後溫泉本館，洋溢古色古香。

場景。

要幫「湯婆婆」打掃湯屋、擦地板嗎？不不不，還是盡個旅人的本分，來觀光吧！

清晨六點，道後溫泉本館的「刻太鼓」準時響起，溫泉街在古樸的鼓聲中甦醒，散散步吧！薄霧瀰漫的清晨，是剛醒來的溫泉街最真實的一刻。

在車站前面，可以看到同樣以道後溫泉為背景地的、近代文豪夏目漱石小說《少爺》（坊っちゃん）的相關裝飾，例如會定時表演的「少爺機關鐘」，還有往返於松山和道後之間的「少爺列車」，這輛列車複刻了小說中主角乘坐的蒸汽機關車，充滿大正浪漫風情，如果沒有安排乘坐的行程，趁著清晨時分列車還沒啟程，正好是最棒的拍照時機。

接著前往道後公園吧！溫泉街中還是要有一片綠地，讓人充分呼吸早晨清爽的空氣，走上小丘頂端的展望台，眺望睡眼惺忪的溫泉街。早起的慢跑者越過樹林、跑向城鎮的那一邊。

少爺列車從小說情節中駛出，呈現眼前。

時間再晚一些的話，就前往公園內的「子規紀念博物館」參觀，明治時代的俳句詩人正岡子規出身於附近的松山，除了俳句，也有短歌、新詩、小說、散文等創作。正岡子規從小體弱多病，之後更患上了當時的不治之症肺結核，但臥病在床的痛苦生涯，不但沒有摧毀他的意志，反而讓他寫出了大量的優美詩句，自號「子規」，便是將自己比喻為泣血的杜鵑鳥，在病情最嚴重的時候，他連自己翻身都做不到，只能靠打止痛劑來緩和，但即使如此他也沒有停止寫作，甚至還持續從事俳句研究、指導學生等工作，為詩壇帶來極大的貢獻。

在子規紀念博物館中，不僅可以一窺詩人的生平，也能夠閱讀松山和道後的歷史，對這片土地有更多理解，值得一看。

走出公園，轉個彎，慢悠悠地爬上石板階梯，就能看到同樣是重要文化財的「伊佐爾波神社」，紅漆的神社建築華美而古樸，從這裡也能看到溫泉街，要不要黃昏時候再來一次呢？石階上的夕影充滿詩意，別具一格。當然還有寶嚴寺和圓滿寺等古剎，清晨時分，寺廟中寧靜莊嚴，讓浮躁的情緒都跟著沉澱了下來。

走下板道，便回到了本館前面，本館旁邊還有一座稱為「冠山」的小丘，上去之後，可以參拜祭祀著道後溫泉守護神的「湯神社」，並在附近賞花，這條路線被稱為「空中散步道」，尤其入夜之後一邊泡著足湯一邊欣賞燈火中的溫泉街，景色夢幻綺麗。

完成了早晨的散步，該來進行晨浴了！不過在那之前，不妨前往一個非常特別的地點觀光，就是車站附近的「第四分湯場」。

什麼是分湯場呢？道後溫泉總共有十八條溫泉水源，每條水源的溫度不一，分湯場就是集中水源，將泉水溫度搭配成適合入浴溫度，再分送給各溫泉設施的場所，這樣既能保證每間溫泉設施都有同樣品質的溫泉，也可省下加溫用的燃料或是降溫用的冷水。道後溫泉總共有四個分湯場，這個第四分湯場特別開放以供參觀，還能以手湯的形式觸摸到剛汲取出來的溫泉。

日本是知名的溫泉大國，但在享受大自然恩惠的同時，也要意識到溫泉和石油、煤炭一樣，都是有限的天然資源，超抽、浪費的行為有可能造成水源斷絕等惡果，所以像道後溫泉這樣，透過集中管理、分配，來調整水溫、水量的作法，是對環境較友善的，永續發展，才不會讓我們在不久之後的未來澈底失去溫泉。

「畢竟是這麼棒的溫泉啊！」氤氳的水蒸氣飄起，水池岩壁的另一端人聲響動，溫泉街的一天開始了，城鎮已完全清醒。

Info

道後溫泉官方網站：除了觀光介紹等訊息，也可在「道後溫泉3館待ち時間／利用状況」部分確認各溫泉的人潮狀況，以決定要不要入館泡湯。

子規紀念博物館
官方網站

大分縣 別府市

別府溫泉

同樣位於九州的大分縣，別府溫泉和由布院溫泉彷彿是對照組一般，不同於著重自然環境，安寧而靜謐的由布院，別府溫泉觀光性質非常強，大半夜的，繁華商店街也還在營業之中，與光芒閃爍的別府塔連成一片炫目的霓虹，適合喜歡熱鬧的人。

別府是知名的溫泉都市，溫泉水源的數量和湧出量都高居日本之冠，「別府溫泉」這個稱呼，通常是指廣義的別府地區這片溫泉鄉，包含被稱為「別府八湯」的八個溫泉區，除了泡溫泉有名，每個月都會舉辦不同的時令祭典，例如春天有「志高湖櫻花祭」，秋天有「別府藝術月」，非常適合反覆前往觀光。

在眾多觀光項目之中，「別府地獄巡禮」（地獄めぐり）絕對是必要的！啊？什麼？地獄!?第一次聽到地獄巡禮都會嚇一大跳，不過當然不是真的下地獄啦！別府有大量自然湧出的泉源，由於含有的礦物質不同，而呈現紅色、青色等各種奇異的顏色，又冒著熱騰騰的煙霧，看似地獄裡的池水，於是便將去參觀這些奇景稱為「地獄巡禮」了。

其中最具「地獄」特色的，正是紅色的「血池地獄」，從JR日豐本線「龜川」（亀川）

血池地獄乍看很嚇人。

車站搭乘「龜之井巴士」（亀の井バス），在「血池地獄前」（血の池地獄前）巴士站下車就能到達。血池地獄的土壤因為含有酸化鐵等化學物質，從地層中噴湧而出時就帶著驚人的紅色，整片池水血紅，熱氣蒸騰，近看之下真的如同地獄景象，萬分震撼。

相反的，地獄之中面積最大的「海地獄」卻是一片明亮美麗的土耳其藍，除了蔚藍景色，還有睡蓮可以觀賞，完全不像是什麼地獄。但可千萬不要被這涼爽的假象欺騙，海地獄的池水溫度高達九十八度，膽敢試圖泡湯，可會被煮熟了

海地獄熱氣瀰漫，煮整籃子蛋也很快熟。

呢！

還有「鬼石坊主地獄」也很有特色，「坊主」就是和尚的意思，這片水池中灰色熱泥不斷沸騰，湧起一團一團淺灰的大泡泡，看起來就像平頭一樣，因此得名。除此之外，「鬼山地獄」飼養了大量的鱷魚、「龍捲地獄」有能噴到三十公尺高的間歇泉……每個地方都有自己的特色。

雖然這些地獄都不能泡湯，但有免費的足湯供旅人休息一下，也有觀光客最愛的伴手禮店，販賣的地方特產也各不相同，讓人流連忘返。只是大飽眼福的同時，可不能冷落

鬼石坊主地獄在灰白漩渦中冒著泥巴泡泡，像光頭一般有趣。

胃袋，利用了天然溫泉高溫蒸氣的「極樂饅頭」、「地獄蒸布丁」，來自龍捲農園的季節限定現榨橘子汁和冰淇淋，就連溫泉地常有的溫泉蛋，在海地獄是用煮的，鬼山地獄卻是用蒸的，要不要也來個「溫泉蛋巡禮」，比比看哪家更好吃呢？

在地獄裡樂不思蜀地逛了一整天，竟然到了溫泉鄉一天都沒泡上湯，夕陽西下，但別急著衝回旅館，去別府車站附近的「別府塔」看看落日和夜景吧！

別府塔是日本六座鐵塔「鐵塔六兄弟」的老三，六塔中包括大阪的「通天閣」、東京的「東京鐵塔」，都是聲名赫赫的鐵塔，但別府塔身材嬌小，只有九十公尺高，常常被認為在六兄弟中存在感薄弱，不過由於周圍地勢不高，又緊鄰別府灣，上了別府塔的觀覽台，可以觀山望海，俯瞰整個別府市區，開闊美景盡收眼簾，喜歡登高望遠的人可別錯過。

夜幕低垂，要繼續在鬧街上觀光，還是到酒吧裡邊大啖別府港撈上來的新鮮海味，邊小酌一杯當地產的日本酒呢？或者就回旅館去，悠閒地泡溫泉聊天，享受天堂似的放鬆體驗呢？抬起頭，高聳的別府塔亮起光芒，別府的街道燈火輝煌。

Info

別府溫泉與由布院溫泉很近，可從「別府」車站搭乘「ＪＲ日豊本線」到「大分」車站，再轉乘「ＪＲ久大本線」到「由布院」車站，不過更方便的是乘坐巴士「亀の井バス」來往兩地，不用換車而且費用也較便宜。另外，別府八湯之間也可以靠巴士往來，不妨根據目的地規劃，購買一日或兩日乘車券。

別府溫泉「別府地獄組合」官方網站

別府塔官方網站

大分縣 由布市

由布院溫泉

由布院溫泉與別府溫泉同樣位於九州的大分縣，相較於熱鬧的別府溫泉，由布院的自然景觀多，氣氛較為安靜，還有許多適合緩慢散步的歐風街道，兩者風味完全不同，由於彼此距離僅僅不到一小時的車程，非常推薦串聯觀光，充分享受溫泉王國大分。

冬日的早晨，觀光列車「由布院之森」越過茂密的林木，在由布岳下飛速奔馳。從整個由布盆地之中，只要抬頭就能看到這座圓錐形的優雅山峰，由布岳又被稱為「豐後富士」，自古以來就是當地人們的信仰中心，由正面登山口到山頂大約需要三小時，可以沿著火山口觀賞獨特的地形，也能眺望由布盆地的街道景色。

從由布院車站步行大概二十分鐘，秋冬的清晨，是金鱗湖最美的時候。由布岳和金鱗湖是由布院豐富自然環境的兩大象徵，身為一個溫泉區的湖泊，金鱗湖別具特色，湖中會同時湧出冷泉和熱泉，因此晚秋及冬天的早晨，從發熱的湖中漫湧升騰的蒸氣，就彷佛朝霧一般，襯著秋楓或者白雪，迷濛而夢幻，沿著湖畔的散步道悠然前行，薄霧之中，古色古香的神社和佛寺也蒙上了一層神秘的面紗。

YUFUIN NO MORI
YUFUIN NO MORI
KYUSHU RAILWAY COMPANY

早晨，霧茫茫的金鱗湖慢慢地揭開了神秘的面紗。

除了薄曉時分，傍晚的金鱗湖也如詩如畫，原本「金鱗湖」這個稱呼，正是因為明治時代來到此地的學者，看見湖中游魚的鱗片反射夕日，燦若金輝，才有感而發。一個湖的美，能夠囊括一天最好的兩個時間點，怎能不讓人目眩神迷、心生感慨呢？

要從金鱗湖回到由布院車站也可以乘坐巴士，但那就浪費了深度體驗這個溫泉地的絕佳機會，沿著「湯之坪街道」或者大分川沿岸慢悠悠地回到「由布見通」上，正是最好的散步路線。

湯之坪街道是由布院的

觀光街，沿路都是精品店、雜貨店、美術館，還有甜點、小吃、伴手禮店家，低矮的木造建築、陶瓦屋頂溫馨可愛、風情十足，讓人心情放鬆，一逛就停不下來，除了吃和逛，沿途還有好幾處免費的足湯，可以愜意地歇一下腳。

若是順著大分川信步前行，便可以享受自然清爽的風景，源源不絕的水聲襯得遠山林木更加幽靜，療癒極了。特別是五到六月的初夏時節，入夜時分一定要來這裡走一趟，因為大分川的支流「湯之坪川」上有一座「螢觀橋」，橋如其名，是觀賞螢火蟲的完美景點，徐徐的向晚薰風中，古樸木橋、寧靜水面，輕巧螢火優美飛舞，猶如夏夜的奇幻夢境。

真的是不可思議，在同樣的夏夜裡，不遠處的別府溫泉燈火通明，鬧街人聲鼎沸，而被自然擁抱的由布院溫泉卻瞭望著這樣靜謐的螢火之舞，像是兩個極端。

由布院會走上與別府背道而馳之路，起源於其歷史因素，在昭和年代，日本國內溫泉旅行大為盛行，關東的熱海、九州的別府等觀光溫泉地迎來海嘯般的人潮，數錢數得手軟，由布院卻正在如火如荼地進行反對水庫建設的市民運動，當時的地方政府原本打算在由布院盆地蓋水庫，並將水庫做為一個賣點來推行觀光地化，卻遭到當地的青年團體反對，最後建水庫的計畫不了了之。

隨後這位青年團長岩男潁一當選了町長，在大部分溫泉地都為了吸引觀光客，大肆興建各種娛樂設施、蓋大樓、開發熱鬧街道的時候，岩男町長一意孤行，執意守護由布院盆地的自然環境，這在當時「觀光開發」蔚為風潮的情勢下，想必使人難以理解吧！但是岩男町長認為一個健全的溫泉區不可以剷除自然的山野，於是一直對觀光開發高舉反對大旗，頑強抗拒。

大約二十多年後，由布院又開始了另一個反對運動，這次是別府與由布院之間的「豬之瀨戶濕原」被高爾夫球場相中，準備開發，然而濕原是動植物寶庫，一旦被消滅就不可能恢復，這時候岩男町長已經卸任，深受他影響的由布院年輕人們挺身而出，竟然在觀光協會內設立了保護會，在「開發環境等於觀光」的風氣之中，這矛盾的行為古怪至極，甚至受到媒體的大加報導。

豬之瀨戶濕原在行政區上屬於別府，但因為由布院鬧得太大，最終影響到整個大分縣，高爾夫球場的建立宣告終止。沒過幾年，又有將濕原規劃為野生動物園，進行巴士觀光旅遊的計畫出現，這也被由布院阻止。

由布院到底還想不想賺錢啊？不成為觀光溫泉街，怎麼賺錢呢？當時其他溫泉地人們心中肯定疑惑不解吧！而反對著開發的由布院其實也在不停思考，理想的溫泉街到底是什麼？由布院究竟要成為一個怎樣的溫泉地呢？

由布院的人們思索考慮著，也到歐洲國家去考察溫泉地應有的姿態，一邊苦撐抵抗開發，還要追求改革、創新，而會帶來災難的不只人禍，九州是地震、火山噴發等相當嚴重的地區，例如某次地震把九州的主要幹道都震得肝腸寸斷，由布院為了挽回觀光客，想出運行歐式馬車的奇招，結果馬車與由布院維持著的田園風光不謀而合，大受好評，現在到由布院，還可以乘坐這個「辻馬車」來遊覽。

直到平成年間，環境保護意識普及，在守護自然與經營溫泉之間苦苦維持著平衡的由布院，終於盼到了社會的改變，深受擁擠都市壓迫的人們，渴望到被自然環繞的溫泉地喘上一口氣，坐擁自然的由布院，迎來了需要休養的疲憊人潮，用溫泉和自然療癒人們身心的溫泉地，這正是當初由布院摸索著想要成為的樣子吧！

破曉，晨光從由布岳的那頭流瀉進溫泉池裡，溫泉街揉著惺忪的睡眼，遊客都還在黑甜鄉之中，只有一些人迫不及待地前往進行晨浴，山巒朝氣蓬勃，金鱗湖晨霧瀰漫，再過一會兒，觀光列車「由布院之森」就會帶來一批新的旅客。

他們會在整潔美觀的街道上怡然穿梭，也肯定會在這片綠意環繞的蓊鬱景色中，也許是為了遠山、也許是為了大湖、也許是為了水面上的螢火蟲發出放鬆的嘆息，深宵遠去，由布院的黎明已經到來。

Info

由布院也會被稱為「湯布院」，這是因為此地原本名為「湯布院町」，但和其他地區合併為「由布市」的緣故。「由布院」及「湯布院」在日文中的發音完全相同，都唸做「ゆふいん（yuhuin）」，更增添混亂。本文遵循目前的市政名稱，使用「由布院」的表記。

由布院溫泉觀光協會官方網站

Chapter 4
登山篇

山林之美，目眩神迷

屋久島與宮之浦岳

日本的山林之美，就是四季輪迴之美。春山是嫩綠的，點綴著山櫻的粉；夏山是蒼鬱的，偶爾被沁涼的雷陣雨抹上一層灰；秋山紅楓如烈火燎原，野菇在枯木上爭相冒頭；緊接著大雪將這一切都覆蓋，冬山蒼白寂靜，猶如永眠……，直到冰消霜融，第一抹綠意悄然探出——季節起死回生。

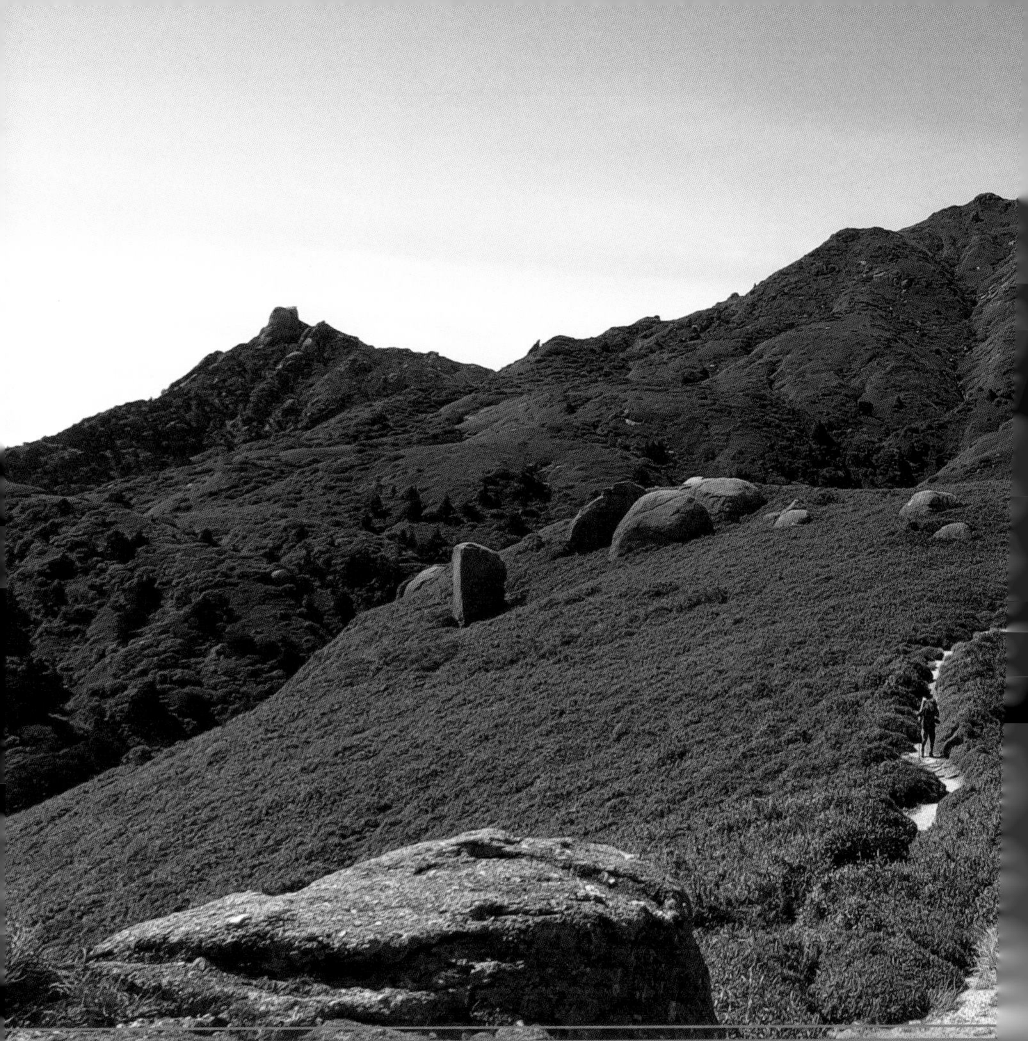

金時山

天城山

九重山

祖母山

開聞岳

關於登山篇

關於登山篇，登山雖然快樂，但因為深入大自然，具有某種程度的危險性，一定要衡量過自己的身體、裝備等狀況，確認詳細路徑、天候等資訊再出行。

本篇綜合提示如下：

一、本篇所標示攀登時間參考官方網站，大致上是成年健康男性的步行時間，可以依據自己的速度重新評估。

二、日本大部分的山不需要入山申請，但最好向警方提交「登山報告」（登山届），通常登山口附近會設有郵筒可供提交，如果看得懂日文，也可以通過「登山 compass」（https://www.mt-compass.com/）這個網站提交。

三、因為日本救援費用高昂（假如出動民間直升機，一分鐘就要價一萬日圓，所以動輒上百萬），因而推薦加入登山保險，日本登山保險十分發達，有很多同意只保需求天數的保險。

四、沒有經驗的話，千萬不要在冬季前往日本爬山，日本緯度較高，冬季幾乎都是雪山，和其他季節需要的裝備完全不同，危險度也大大上升。再加上許多山屋冬季並不營

業，也存在有道路封閉、巴士停駛的風險。

五、山屋須事先預約，心存僥倖容易被拒之門外。大部分山屋要求透過電話預約，也有一些會接受電子郵件預約。日本的山屋很嚴格，最好確保能在下午三點之前到達山屋，要是到得晚，通常會被訓話，更慘還會沒食物可吃。萬一忽然無法成行，記得要聯絡山屋。

六、日本的登山道通常整理得很好，同時，也嚴格禁止離開登山道，特別是在國家公園內，踐踏、採集動植物是犯法的，必須注意。另外，能否紮營、能否開火，根據山區不同，衍生不同的規定，若有需求，應事先調查瞭解，免得揹了裝備上山卻不能用。

七、大部分的登山口會有廁所，但山頂上可能沒有，擔心的話，可以在登山用品店、便利商店、百元商店等地購買攜帶式廁所。另外，有不少廁所是需要收費的，價格從一百日圓到三百日圓不等，這是因為高山上氣溫過低，細菌無法發揮分解功能，全憑人力運下山所致。

八、日本所有山區都沒有垃圾桶，請把自己製造的垃圾帶下山，無痕山林，美麗的環境需要大家一起守護。

日本登山實用免費 APP 及網站：

▸**YAMAP**：有 APP 版本及網頁版，可以看登山專用地圖，並有社群功能可下載別人的路線，或看網友分享即時資訊，並且也提供登山保險。最推薦的是其中的「守望功能」（みまもり機能），在爬山時開啟，能將 GPS 位置實時回報給設定的對象如家人的電郵，不僅能讓家人安心，若有意外，立刻提交給警方，有助警方縮短搜尋時間。另外也有官方 LINE 帳號，加入好友即可從 LINE 查閱地圖資訊。

電腦
網頁版

手機 APP

▸**国土マップ R**：日本國土地理院推出的 APP，提供標準地形圖、陰影地形圖、航空照片等等，不是登山專用的，但很適合用來了解地形。

▸**てんくとくらす**：難得的免費登山用天氣網頁，會根據晴雨、風速等資訊，標示出登山指數，A 是適合登山，C 是不適合。

▸**Yamakei Online**：日本最大的登山雜誌「山與溪谷」所營運的登山情報網站。除了登山地圖之外，也有很多即時的訊息，例如登山道、山屋的狀況等等，也有推特可以追蹤。

▸**氣象廳的火山活動狀況**：日本有很多活火山，根據火山活躍程度不同，可能會限制入山，如果攀登對象是火山，務必要先行確認。

神奈川縣　南足柄市

金時山

初夏的早晨，大朵的山百合在登山道旁綻放，炫目的白色花瓣毫無保留地張開，如同少女天真燦爛的笑容。山百合是神奈川縣的縣花，綠草如茵之中，這亭亭玉立的白裙女孩確實令人傾倒，神奈川縣箱根火山外圍，金時山上，山百合強烈的香氣宣告了夏天的到來。

金時山高約一千兩百公尺，登山道整齊好走，攀登難度低，由於周圍的山岳都較矮，能清楚眺望富士山，是絕佳的「賞山」景點，再加上距離東京以及箱根溫泉都近，非常受觀光客的歡迎。

但金時山會這麼有名，最大的原因是平安時代知名武將「坂田金時」的故鄉便是這片山域，坂田金時的小名叫做「金太郎」，據說他從小就力大無窮，常在山中與熊相撲玩耍，金時山原本因形似山豬的鼻子而被稱為「豬鼻山」，也是因為坂田金時聲名大噪，才跟著改名，現在山中仍有許多與金太郎有關的景點。

金時山有好幾條登山步道，最推薦的當然就是從金時

山腳下登山口旁的金時神社，供奉坂田金時。

神社（又稱「公時神社」）往返的路線了，這條步道往返大約需要三小時，不過山頂眺望視線良好，也有茶屋提供休憩和餐食，最好多安排一個小時，悠閒地賞景吃午餐。

從金時神社進入登山道，濃密的樹蔭遮蔽了夏日烈陽，遠處傳來蟬鳴鳥叫，森林中沾染著午後雷陣雨來臨前的濕潤水氣，據說金太郎曾在此躲過雨的巨岩上爬滿青苔，隨著標高上升，四周也逐漸涼爽了起來。

金時山的百合花美得震撼人心。

山頂上地形開闊，木造的茶屋外擺著桌椅，該是時候填飽飢腸轆轆的肚子了！金時山上的滑菇味噌湯（ナメコの味噌汁）與甘酒十分有名，我們立刻點了甘酒與點心套餐，端到茶屋外邊賞景邊享用。

甘酒雖然叫做酒，其實是無酒精飲料，味道與中式的酒釀很像，大致上有兩種口感，一種沒有米粒，順滑濃郁好入口；另一種則是米粒分明，較有咀嚼感和飽足感，金時山上的甘酒是後者，喝起來感覺介於飲料和甜湯之間，甘美的軟糯米粒帶著淡淡的鹹味，更加凸顯甜意，大熱天的，提供

傳說金太郎曾在此巨岩下躲雨。

的卻是燒燙燙的甘酒，我們本來有些躊躇，但山風微冷，在長椅上坐一會兒之後，就覺得這樣的溫度更好，能撫平激烈運動過後躁動的身體，讓胃都暖了起來，不再嗷嗷叫嚷著飢餓。

◀ 甘酒與核桃饅頭組成套餐很療癒。

遠處，富士山被雲海所簇擁，彷彿幻想中的仙山，一隻飛鳥掠過天際，姿態輕盈優美。

「鳥真好啊！要是我有翅膀，就可以直接飛上山頂了，哪還需要在這邊辛苦流汗？」

「那登山還有什麼好玩的啊？你肯定不會再爬啦！」

「富士山也到開山季節了，今年還要不要去？」

「要啊要啊！今年我想爬不同的路線！」

「哈哈，你剛剛不是還嫌爬山辛苦流汗嗎？」

眺望著遠山，友人們談笑起來，我執起甘酒旁邊的甜點，今天提供的是核桃饅頭，日式饅頭皮薄餡多，一口咬下，滿滿的紅豆泥中夾雜著核桃，甜潤扎實，豐富的營養為即將來臨的下山充飽能量。

即使終究是要下山，這猶如可以擁抱天空的遼闊美景、讓人幸福滿溢的美味食物、夏日的薰風和山百合，還有等待著撫慰疲憊身心的溫泉，仍會驅使我們一次又一次地前往山頂。

也不知道，追隨著主公上京的金太郎，最後有沒有回到這片山域呢？南風推擠流雲，環抱著聳立的富士山，潔白的花朵輕輕搖曳，小草與森林竊竊私語，山腳的金時神社古樸莊嚴，千年過去，仍忠誠地等待歸人，初夏午後，金時山上一片靜謐。

交通方式：從「箱根湯本」車站搭乘箱根登山巴士，在「金時神社入口」巴士亭下車。

金時山離箱根溫泉近，可以搭配一起遊覽，或在下山後前往箱根溫泉泡湯放鬆。（箱根溫泉見東海道篇）

靜岡縣 伊豆地區

天城山

在川端康成的短篇小說《伊豆的舞孃》（伊豆の踊子）中，少年追逐著美麗舞孃的腳步，穿過了天城山隧道；在石川小百合的演歌名曲「越過天城」（天城越え）裡，女主角對幽會對象愛恨交織，天城山上的狂熱楓葉彷彿漫天大火，在胸口反覆灼燒。

天城山縱走路線由此入口前往。

「天城越」是指穿越天城峠的旅路，但天城峠並不僅有一座山，而是橫越在伊豆半島上，阻斷了南北的連綿山脈，在天城隧道尚未打通的年代，要跨越天城連山是非常困難的。

天城山被列為日本百名山之一，最高峰是一千四百公尺高的「萬三郎岳」，也有不少登山客會只往返萬三郎岳來蒐集三角點，不過要完整領略天城山的美與歷史地位，唯有踏上縱走路線，實際越過天城才能體會。

縱走路線比往返最高峰耗時，需要六到七小時左右，從北部的伊東走到南部的修善寺，也可以從反方向走，但我的計畫是由北往南，這樣還能順路去修善寺泡溫泉，登山後的溫泉最棒了！

早晨，我從「伊東」車站轉乘巴士，搭到「天城縱走登山口」巴士站，晚秋時節，楓葉都已落盡，棕紅的葉子平鋪在泥土登山道上，別有一番蕭瑟的美感，枯木之間能望見時隱時現的富士山。行程雖然長，但天城山不高，一路都處於闊葉森林帶中，傾斜平緩、路況良好，非常好走。

今天是平日，人並不多，我和一個不認識的山友速度相當，始終走在前後，中午前抵達山頂後乾脆就一起吃飯閒聊。

「你也要在這邊折返嗎？」

「不是，我要縱走。」

「縱走？這個時間來得及嗎？」

樹葉落盡後，才能隱約望見富士山。

泥土路好走，爬山難度不高。

「沒問題的，照我們的速度，一定能搭上下午四點的巴士。」

我們研究了半天地圖和時刻表，山友決定也改走縱走線，「我吃完飯了，那我先走啦！不過你肯定馬上就追上來了吧！」

「哈哈，如果追上了，我們再一起下山！」我對他揮揮手，悠閒地繼續午餐。

事後我無比後悔這時沒草草吃完午餐跟上他的腳步，可惜世上沒有早知道。

結束了午餐時間，我揹上背包繼續行程，晚秋的山林寧靜極了，只有樹木搖曳發出的

紅焰般的楓葉為晚秋的枯山點綴美景。

沙沙聲，即將入冬的暗色森林中，幾棵楓葉晚了一步還未凋落，仍染著烈焰般的紅色，令人驚喜地按下快門。

我哼著歌走走停停，過了一段時間才察覺不對勁，腳下不見路徑，我偏離了登山道，不知道走到哪裡了。

我倉皇四顧，意識到問題正出在美麗的晚秋落楓上，大量的落葉蓋住了登山道，讓我不知不覺就走歪了路，我數次努力回到登山道上，又都再次走錯，最後完全迷路了。

「要趕不上四點的巴士了……！」我心急如焚，試著加快腳步，卻在沒障礙物的泥土地上摔了個大跟斗，所幸是這種柔軟的地面，如果是岩山，這一摔可就不妙了。

我趴在地上，映滿眼中的落葉就像火焰一般，令人頭暈目眩，我嘗試著冷靜下來，坐起身，深呼吸，「巴士趕不上就趕不上吧，只要活著，總能回家的，我得活著下山，就算用爬的也要爬下去。」

我不再看手表，仔細核對著地圖，確認自己的位置，「稜線，我得上去稜線，只要沿著稜線走，肯定能找到登山道。」

不知道數百年前，試圖越

八丁池提供縱走旅人難得的休憩處。

過天城山的人們是不是也曾這樣受到落葉的戲弄？但那個時代的裝備更差，一定比現在危險好多倍，難怪會認為天城山是天險了。

恢復冷靜的我終於走回正確的登山道上，到達途中的八丁池時，真是眼淚都快掉下來了。

八丁池又被稱為「天城之眼」，湖面平穩沉靜，因為寒冬時會結成厚冰，所以也以滑冰的場地聞名，但最有名的還是昭和天皇曾經來此觀賞過森青蛙，這種青蛙由於棲息地遭到破壞，被日本許多地區列為瀕臨絕種生物，春末夏初時會在湖泊、濕地等聚集繁殖，可惜現在是深秋，肯定看不到這珍貴的小生物了。

繞過八丁池，我繼續朝著目的地前進，迷路那麼久，之前的山友是絕對追不到了，但也沒其他人跟上來，不免讓人十分不安，正當我感慨著旅途孤寂之時，我聽到了落葉被踐踏發出的窸窣聲。

都這個時間了，還有人來嗎？我疑惑地側首看去，立刻被嚇得當場僵立。

是野豬，而且是一整群！

我正走在山壁旁的登山道上，前後是路，而左右都是陡峭的山壁，沒有任何地方可以躲藏，如果被野豬攻擊，最好的方法是爬樹，其次是鑽進草叢，但這裡既沒樹也沒有草叢。

啊啊啊……！我在心裡尖叫，小心翼翼地後退了一步，「喀！」我踩斷了一根枯枝。

我簡直當場就要翻白眼。

天啊！那可是一整群的野豬啊！有好幾隻圓滾滾的小野豬，別看小野豬可愛，帶著小豬的母豬攻擊力最強了！吾命休矣！

但不知道是黃昏時分的牠們只想趕緊回家，或者沒發現這個快要口吐白沫的渺小人類，野豬們邁著短短的腿，靈敏地在山坡上攀爬，一下就越過山頭消失不見了。

我、我得救了……？我得救了！我鬆了口氣，好一會兒才放下僵硬的肩膀。野豬群真的是非常震撼的畫面，但我不敢拍照，碰到有攻擊性的野生動物時，拍照會驚擾牠們而招致攻擊，當然，縱使不知道這條鐵則，嚇到凍結的我肯定也沒勇氣按快門。

撿回一條命的我最終成功下山了，走到川端康成也曾看過的天城山隧道前，我感慨地掏出相機，收藏這具有歷史意義的一景，隧道的那頭就是伊東，和我這種興趣就是登山的人不同，隧道開拓之前，古時的人們究竟是為了什麼賭上性命，千辛萬苦地越過天城山呢？

我拖著疲憊的身體站在巴士站牌下，錯過了預定的班次，但我有驚無險地趕上了末班車，沒時間在修善寺逗留了，儘管遺憾，但我必須到鐵道車站才能返家。

癱坐在巴士座椅上，我搜尋著電車的沿途停靠站，這漫長而艱辛的一天，如果不能用溫泉劃上句點，那也太令人不甘心了。我決定轉道熱海，想必這個交通方便的溫泉鄉會熱烈歡迎疲倦的旅人。（熱海見東海道篇）

夜深了，街道上行人稀少，我掀起布簾，卸下登山背包，將衣服匆匆塞進櫃子，迫不及待地鑽進冒著白煙的溫泉，熱燙的泉水包裹著我，我慢慢地呼出胸腔裡的濁氣，冰冷的指尖感覺到暖意，這才有了死裡逃生的實感。

活著真好啊！活著才能爬山、泡溫泉，活著才能繼續下一段旅程。

真好，山頭的楓葉、林間的鹿，青翠的山葵田、深秋的風，天城山是那麼美好，最好的是我還能悠然地歌頌這一切。

浴室的天花板在煙霧繚繞中逐漸模糊，我不由自主地哼起了演歌：「即使不能回頭也無所謂了，爬過燃燒到令人暈眩的大地，我想與你一同跨越——越過天城。」

Info

如果想追尋川端康成的足跡，可以走天城山下的散策路「舞孃路線」（踊子コース），這條路線不用爬山，沿途有文學碑、瀑布等景致。

修善寺方向的交通方式：在「修善寺」車站下車，轉乘東海巴士到「天城峠」巴士站下車。

大分縣 竹田市

九重山

大分縣西南部，東西全長十三公里的九重連山，綿延不絕，與阿蘇山系相接，兩者聯合被政府劃定為「阿蘇九重國立公園」，這裡是島嶼的中心點、九州本島最高峰，數十座火山群組成的宏偉屏障，猶如九州的屋頂，百萬年過去，頻繁的火山運動，仍在活生生講述著地質學的故事。

九州的歷史就是與火山共存的歷史，但伴隨火山而來的不是只有災厄，利用地熱興建的發電廠、被熔岩過濾的乾淨水源、肥沃的火山土、因為噴發而從地底湧現的礦脈，都是火山給予的恩惠，當然，火山帶來的還有療癒身心的溫泉，以及無可取代的特殊風景。

早晨，九重山位置最高的登山口「牧之戸峠」（牧ノ戸峠）熙熙攘攘，登山客們整理背包、做著伸展運動，準備登上九重山。九重山其實是九重連山的總稱，包含西側的九住山系與東側的大船山系，這其中有非常多的山頭，適合縱走，最高峰則是「中岳」。

我們的計畫是從登山口出發後到達分歧點，先往南登上久住山，接著往東到中岳，再下到中岳山下的湖泊「中岳御池」觀景，最後一路往西走就能回到登山口，雖然無法長時間縱走，徹底領略這片山脈的美好，但可以在一天內儘量體會九重連山的獨特景色。

五月中旬到六月下旬，九重山上，被粉色浸染的杜鵑花海遍布山體，十月下旬到十一月秋意瀰漫，有楓紅可賞，其餘季節則可看到廣闊草原與特別的高山植物，但最美的，還是從山上眺望時，彷彿延伸到天涯彼端的山稜線。

站在山頭上，往遠方望去，山巒一層隔著一層，粗獷壯闊的棕褐火山山體，訴說著荒涼的遠古神話，被人們日復一日行走的路線泛著白色，縱使是渺小的力量，也在凜然不可侵犯的山域裡留下了痕跡，天氣晴朗，如果沿著高聳的稜線不斷往前走，肯定舒服極

沿著山稜線走，如同置身九州屋脊。

了，偶然回頭，中岳山頂下的火口湖反射著陽光，呈現出神秘的色澤。

久住山山頂上巨石密布，人們或站在大石上興奮望遠，或躲在岩縫間升起一點炊煙，早春時節，高山上的東風蘊含著濕潤的寒意，喝一杯熱咖啡吧！在裊裊的水氣之中，想像著日本創世神話中的太古眾神，也在九重山巒包圍間，瞭望過同樣的藍天與綠地。

「真想縱走啊！好可惜啊！難得來一次，該多排幾天行程的，太浪費了。」友人小聲抱怨，「你看那些揹著帳篷的人，好羨慕，超羨慕的！我也想走在稜線上……」

「我也想啊！下次我們一路走到長者原去，還能在濕原上散步……」

登山總是這樣充滿夢想，每次都以為計畫已經很完美，但每一次登上山岳，望著眼前開闊的無盡風光，就還想去更高更遠的地方，旅程尚未結束，便又開始計劃下次、下下次、下下下次。

也許就是這種無法得到滿足的渴望，催促著我們一次又一次地開啟旅程。

下到御池旁邊，從山頂看下去只是個小池塘的御池，站在池邊，卻是溶溶蕩蕩，一片

▼ 遠眺火口湖，如同礦山中的一面寶鏡。

登高望遠，極度紓壓。

浩渺的粼粼波光，火口湖清澈極了，安瀾平靜的模樣，絲毫沒有半分可怕的火山氣勢。

「冬攀好像也不錯！冬天御池會結冰對吧？在結冰的湖面上仰望山稜，一定也很好看！」

「春有春的婉約、秋有秋的濃烈，冬也有冬的澄靜寂寥，美景一重又一重，也不知道要再來幾次，才能全部觀賞完畢。」

「那就再來一百次。多好啊！有了再會的約定，離別時就不那麼寂寞了。」

群峰羅列，橫陳屏阻，時間飛逝而過，即使再不捨，我

湖水夏季流蕩，冬日結冰，情致兩不同。

阿蘇山麓產的濃醇牛奶製成冰淇淋，鮮美香濃。

們也不得不告別迤邐的青山，背對層疊巖嶺，邁往登山口的方向。

牧之戶峠的伴手禮店販賣著各種禮品和小吃，我們癱在椅子上，喝著阿蘇山麓產的濃醇優酪乳，新鮮的藍莓果汁酸酸甜甜，當地牛奶製成的冰淇淋絲滑甘美，為疲倦的身體補充精力。

有氣無力的閒聊之間，友人的目光仍不時投向登山口，人下山了，但心還在山上，還在回環層疊的九重山稜間。

我苦思良久，在日記本上寫下了屬於這趟旅程的和歌：「朝日さす　九重に立つ　峰高み　山の端長く　君がよもがも」（朝陽閃爍之中，因為立於九重雲霧中的山如此高，所以稜線也這麼長，希望您就像山稜線一樣長壽）。

「你說什麼？」友人回過頭來。

「沒什麼，冰淇淋也吃完了，該下山啦！」

九州的中心，活火山群峰巒起伏，組成島嶼的屋脊，這裡無時無刻不在變化，講述著撼動人心的傳說故事，古代的神靈如今不在，登山客們卻絡繹不絕地走上了朝聖之路，翻過百重的山嶺，親眼見證山川大地的四季變化。

我們離開了，但還會再來，只要心臟仍在鼓譟，渴求著身歷其境，旅程就會如同這條看不到盡頭的稜線，一直延伸到遠方。

如果有兩天時間，不妨進行牧之戸峠到長者原的縱走，並在「法華院溫泉山莊」停留一晚，法華院溫泉是九州地理位置最高的溫泉，山間溫泉療癒、星空浪漫，魅力十足。

Info

交通方式：從ＪＲ久大本線「豐後中村」車站搭巴士可抵達「牧之戸峠」（牧ノ戸峠），但班次較少，需要特別注意。

也可以從「豐後中村」或者「由布院」、「別府」、「阿蘇」搭乘巴士到「久重登山口」（くじゅう登山口），從附近的「長者原旅客中心」（長者原ビジターセンター）出發，要是不登山，也可以在長者原進行濕原散步，別有樂趣。

長者原旅客中心官方網站

祖母山

大分縣、宮崎縣、熊本縣

宮崎縣可說是充滿日本創世神話浪漫的縣，除了繩文考古遺跡，也有不少與神話有關的景點，例如天照大神的孫子瓊瓊杵尊，原本居住在神國「高天原」，受命治理人界而降臨凡間，其降臨之地正是宮崎縣的「高千穗峽」。還有日本的初代天皇神武天皇，為了建立日本國而東征之時，在海戰中被颱風襲擊，於是向其祖母豐玉姬的故國山岳祈禱，終於風平浪靜，天皇祖母的故鄉之山，便被稱為祖母山。

由於擁有這樣的歷史文化背景，比起其他的山，祖母山多了一分神秘的神話色彩，吸引著朝聖的人潮，當然，一座山能夠一年四季訪客絡繹不絕，靠的還是自然景致之美，祖母山是受到火山運動影響而隆起的，溪谷、森林等美景之外，還擁有斷崖絕壁的險峻山勢，令人驚嘆，也包攬從健行到攀峰的各種難度。

祖母山的山腹橫跨宮崎縣、熊本縣、大分縣三縣，最知名的登山口「北谷登山口」雖然在宮崎境內，但離熊本也很近，如果還要攀登九州其他山岳比如阿蘇山、九重山，將熊本當作據點會很便利。

五月三號清晨，我們出發前往北谷登山口，其實原來的計畫是要去阿蘇山的，但阿蘇山是一座火山，在臨行前，氣象廳將阿蘇山的火山警報升級，導致不能登頂，我們只好緊急調換順序，先爬祖母山。

沒想到，開車到達登山口時，竟然車滿為患，不只停車場沒有空位，山道旁也都塞滿了車子。

「怎麼會這樣？今天有什麼活動嗎？」

「五月三號是祖母山的開山日！一直在注意阿蘇山的情報，竟然忘記這件事了，早知

通過森林，離登頂越來越近。

道該再更早一點出門！」

好不容易尋找到空位，光停車就花了一個小時的我們身心俱疲，不過走上登山道後，綠蔭密布，枝葉間可以望見清澈的藍天，春陽和暖，泥土與樹木帶著森林的芬芳，一下便安撫住了我們的情緒，勾起對漫步山稜的嚮往。

我們的行程是首先向北走一般登山道前往山頂，這段路整齊好走、風光明媚，是比較簡單的健行路線，登頂之後，往南縱走，越過障子岳、親父山、黑岳等山頭，回到北谷登山口，這條路線就較為困難，有岩場、梯子、繩索、陡坡、爛石頭地、越過溪流等地形，需要較多的經驗和技術。

來到山頂，天氣晴朗，無憂無慮的白雲浮在藍天裡，幾乎讓人想躺在大石頭上睡個午覺，遠處稜線濃綠，九州的山脈盡在眼前，上古的眾神也曾俯瞰同樣的美麗景色嗎？深呼吸，肺中充滿山林間獨有的乾淨芬芳，汰換掉凡塵的濁氣，輕盈得恍若新生。

山頂上正在舉行開山祭，祭祀著天皇祖母豐玉姬的祠堂前，神官虔誠地祈禱，工作人員到處發放紀念品，是祖母山圖樣的方巾，登山者們雙手合十，向曾經號令一整片海洋歸

在開山祭之日登上祖母山頂，就獲得一條紀念毛巾。

於平靜的女神祈求天晴，氣氛既肅穆，又帶著一種開山祭特有的、冬雪停息、春天來臨、群山張開懷抱的欣喜與歡悅，熙熙攘攘之中，眾人的期待匯聚成信念，每一雙眼睛都因此閃閃發光。

本來我們並不想湊開山祭的熱鬧，但偶然參加了這場聚會，也覺得非常歡喜，不同於平時安靜的山林，在熱鬧歡騰的祭典氛圍下吃過午餐，心滿意足，該是下山的時候了。

大部分的登山者都循原路下山，縱走路上，森林草木間恢復平和靜謐，經過那樣的喧囂，有些寂寞，又有一些鬆了口氣的安心感，回過頭，祖母山莊嚴聳立，蓊鬱綠林中，點綴著粉色的杜鵑花，帶上一絲柔軟婉約，杜鵑花的日文叫做「躑躅」，花這麼美，教人踟躕著不願意移動腳步，更何況背後祖母山壯麗巍峨，我們不捨地仰望了許久，才邁向下山之路。

縱走線漫長但是地形豐富，走在山脈稜線上，就像是走上天空之橋，越過一個又一

祖母山因為是天皇祖母的故鄉之山，備受尊崇。

個山頭，岩石與險坡、秘林和河川，處處都是風景，可惜我的技術不夠好，在終段河岸旁的爛石頭地上花了比預想更多的時間，最後竟然還碰上跋涉河川這種天險出現。

「用跳的！跳到那顆石頭上！」先過了河的友人在那端河岸上大喊。

「要是滑倒了怎麼辦！？」

「不會滑倒！你要相信你的登山鞋！」

「我是不相信登山鞋嗎？我是不相信我自己啊！」我簡直要抱頭痛哭。

金烏西沉，向晚時分，耗

盡力氣的我們有驚無險地回到了登山口，拖著虛軟的雙腳走向車子，一邊互相嘲笑對方技術不佳，一邊彼此慶賀又一次生還。

我們是租車來爬山的，現在必須將車子開回租車行，走到車子旁邊，負責開車的友人慣例檢查了一下車子的狀況，隨即疑惑地皺起眉。

「怎麼了？有什麼不對勁嗎？」我問道。

「嗯……就覺得車子好髒啊！」

「對耶！真怪，好像蒙了一層灰，山上風沙有這麼大嗎？」

我們百思不得其解，上車前往熊本，一路上，窗外晚霞漫天，遠處能看到阿蘇山，紅光中山頂黑雲籠罩，壯闊華麗，只是入夜以後，往熊本的方向越走越是荒涼，明明是晚餐時間，許多街道連一盞燈都沒開，彷若鬼城，讓人疑竇叢生。

回到租車行，工作人員急匆匆地跑了出來，「你們終於回來了！我打電話你們都沒接！」

「啊，對不起，我們在山上，訊號不好。」

「就是因為你們說要去爬山……你們是去哪座山呢？」

「是祖母山。」

「祖母山啊，那就好。」

工作人員鬆了口氣，「你們

不知道吧？阿蘇山今天噴火了！」

「什、什麼？」我背脊一涼，冷汗從額上滲出，「所以車子上的灰是火山灰……？」

「阿蘇山上會有黑煙籠罩是因為才剛噴發完啊！」

「路上都沒人，是去避難了嗎？」

我們對看了一眼，有些劫後餘生的驚悚，本來今天要去爬阿蘇山的，多虧氣象廳提升了火山警報，這才撿回一命。

夜晚，我們聚在一起吃宵夜，勞累了一天，入口的食物分外美味。

「原來這就是與死神擦肩而過的感覺啊！」

「哈哈，真不愧是火之國熊本。」

「來來來，乾杯！敬祖母山上的晴天，敬阿蘇山中的火焰！」

「敬活著！」

夜幕降臨在神話故事的起始之地，高山的巔峰上，女神慈悲地俯視著世間生靈，對其他城鎮中的人們而言，也許只是普通的一天，唯有我們大肆慶祝，感激著繁星與微風、月亮和晨光。

未來還有更多的山可以爬，無限的美景可以欣賞，活著真好。

Info

▶交通方式：除了開車，可從「豐後竹田」車站搭乘竹田市巴士到登山口，但必須事前打電話到竹田市觀光協會預約。

▶日本火山眾多，要爬火山前一定要先確認氣象廳的火山活動狀況，如果噴火警戒升到二級以上，應立刻更改行程。

高千穗町觀光協會官方網站

宮崎縣提供的祖母山地圖

◀開聞岳登山口只有一條上山路。

鹿兒島縣　指宿市

開聞岳

四月末，春雨籠罩著鹿兒島南方的海岸，丘陵地上翠綠的茶田欣欣向榮，搖曳的葉片努力向天空伸展雙手，迎接雨水的到來。從北邊的池田湖畔眺望，優美聳立的開聞岳如同被蕩漾水波包圍的海上仙山，像這樣的火山最是氣勢凜然，難怪會成為南薩摩地區的重要地標。

開聞岳不滿一千公尺高，卻被選為日本百名山之一，除了開聞岳和筑波山，日本百名山再沒有一千五百公尺以下的山岳名列其中，可見其地位特殊，雖然標高不高，但由於周圍地勢低窪，必須從平地開始攀登超過九百公尺，所以爬開聞岳也沒有特別輕鬆，來回約耗時五到六小時。

早晨，我與友人揹著行囊來到了登山口，迎接我們的卻是如絲細雨中、黑雲環繞的開聞岳。

「唉！這可是我們在平成年代的最後一次登山呢！天氣卻這麼差！」

二零一九年的四月底，平成天皇選擇退位，新的年號即將開始，準備即位的皇太子也喜歡登山，走過不少山頭，作為同好，我們當然是選擇登山慶祝。

「那也沒辦法，只有天氣不能控制嘛！怎麼辦？要撤退嗎？」

「先爬爬看吧！開聞岳幾乎全部位於樹林裡，只要沒有強風影響，應該是可以登頂的。」

「好吧，但如果判斷有危險，就要立刻撤退喔！」

「好的，畢竟我還想爬山迎接新的年號呢！」

開聞岳形似富士山，被稱為「薩摩富士」，登山道修繕良好，難度低，從北邊一路往南，到中腹後螺旋狀往上攀登，軌跡非常有趣，晴天時山頂視野良好，北方能望見霧島、櫻島、池田湖，南方則可看見竹島、硫磺島、屋久島等等，景色壯闊。

開聞岳是火山，從登山口進入後走一段路，便能夠看到清楚的火山地層，兩側都被黑色岩土包圍，像是在岩層中穿行，趣味十足，因為地處南方，植物也較為茂盛，不時能見到美麗的花朵盛開。

開聞岳不只是外型，構造

走在高高的火山岩層包夾的登山路徑中，是新奇的經驗。

也和富士山很像，都是沙土加上岩石，雨天時路較滑，所幸樹林帶中能抓的東西多，不算危險，但七合目之後開始出現岩場，也有完全脫離森林庇護的地區出現，易受強風影響，還是需要及時判斷是否撤退。

雖然天氣不好，但遙望大海，風光仍然遼闊壯麗，海岸線形狀特別，能清楚欣賞突出的岬角長崎鼻和赤水鼻，颯颯的雨聲之中，寬廣的汪洋卻如此平靜，讓人不可思議地跟著安定了下來，海與山，向來都有著撫慰人心的力量。

平安到達山頂，我們開心地互相擊掌。

「下山千萬要小心啊！這肯定很滑。」

「好，可別在登頂之後功虧一簣了。」

下山不像上升時會產生那麼多熱能，春天的冷雨滲進皮膚裡，帶來一陣陣寒意，雨中的我們無法停下來吃飯，只能草草咬了幾口麵包，真是又冷又餓又累。

有驚無險地下了山，我們立刻衝向附近的居酒屋，卸下

眺望突出的岬角長崎鼻和赤水鼻，景致怡人。

登山包，脫掉濕漉漉的雨衣，胃正在大聲鳴叫，要吃什麼呢？指宿產的黑豚煎得噴香，配上當地的蔬菜，再淋上用指宿溫泉煮的溫泉蛋，營養百倍；還有撒上大量當地產柴魚的拉麵，湯頭鮮香，喝一口熱湯，暖氣就從胃裡蔓延出來，湧出每一個毛孔，通體舒暢。

「乾杯！辛苦啦！」

「乾杯，哇，真的太辛苦了，一定要大吃一頓！」

杯子相撞發出清脆的敲擊音，今天不喝啤酒，來一杯薩摩名產番薯燒酒（芋燒酎）吧！蒸餾酒香氣四溢，又清又烈，猶如九州的山與海，令人

震撼的巍峨美景。

「慶祝平成平安結束，新世紀又要開始啦！令和年代的第一座山，要爬什麼才好呢？」

「我想再爬一次開聞岳，沒看到晴天的美景還是有點可惜。」

「我想去富士山！我想爬王子路線！」

「是皇太子去爬山的時候走的路線嗎？那應該要改名叫國王路線了吧！」

「哈哈哈哈！這個好！」

春霖綿綿不絕，居酒屋的窗戶裡透出溫暖的光芒，遠方的東京萬人空巷，慶祝典禮盛大而莊重，鹿兒島的海岸邊，也有我們的熱鬧。

唯有開聞岳，依舊如千萬年前一樣，晴光普照或大雨傾盆，都沉默莊嚴，永不動搖。

Info

▶ 交通方式：搭乘ＪＲ指宿枕崎線到「開聞」車站下車，或者搭巴士到「開聞登山口」巴士亭下車，徒步二十分鐘可到登山口。

▶ 開聞岳附近有溫泉，可以在下山之後泡湯放鬆，不過開聞附近指宿的砂浴（砂風呂）更加有名，坐公車就能前往，有機會一定要體驗一下。

屋久島與宮之浦岳

傾盆大雨落在鹿兒島的最南端，遺世獨立的屋久島被雨幕籠罩，密林之中水霧瀰漫，彷彿充滿魔法的奇幻世界，山岳鄰接著海洋，一艘小船劃過寂靜的地平線，向這擁有豐富自然的世界遺產駛去。

屋久島是鹿兒島縣的離島，島上九成的面積都是森林，擁有九州最高峰「宮之浦岳」，由於杉樹林密布，在明治到昭和時代曾經受到大量採伐，值得慶幸的是，屋久島的杉樹「屋久杉」樹齡很高，而超過千年的古樹並不適合做建材，才讓這些可說是活化石的大樹倖存下來，現在島上最古老的杉樹「繩文杉」據說超過六千歲，每年都有大量觀光客特地前往屋久島去探望這棵樹爺爺。

如果不打算登山，也可以在沿海的溫泉旅館下榻，走步道當天來回去看繩文杉，其餘觀光景點都能靠公車到達，在離島上悠閒度假，盡享山色與海景，輕鬆浪漫。但要是願意爬山，屋久島是非常適合縱走登山的景點，一定能得到一段特別的回憶。

四月底，對魔法森林充滿憧憬的我們揹上行囊，準備度過四天三夜的縱走假期，出發了！

屋久島上有許多山屋，但都無人經營，睡墊、睡袋是必須的，也要帶登山爐、糧食，以及攜帶式廁所（附凝固劑的防臭袋），不過島上水資源豐沛，有許多補水點，出發時我的行李重約十三公斤，原本有考慮過要不要帶帳篷，就不用跟別人擠通鋪，但擔心體力不支，最後還是決定睡山屋，只為了以防萬一而帶了避難用的簡易帳篷。

第一天我們從港口搭船到達屋久島，接著轉搭巴士到位於北邊的「白谷雲水峽」起攀，這個時候已經是下午了，所以我們的住宿地點是離登山口不到一個小時路程的白谷山莊。

一進入森林，便能感覺到濕潤的水氣，屋久島全年都是雨季，號稱「一個月下三十五天雨」，今天天空同樣是黑沉沉的，彷彿下一秒鐘就要傾盆倒在我們頭上，小溪嘩啦啦地奔流，我們踩著大石頭越過，感覺自己也像是林間跳躍的鹿，儘管行李沉重，心靈卻隨著深入密林的步伐，逐漸輕快了起來。

沒過多久，就到達山屋，

溪水奔流，帶來暢快涼意。

無人山屋雖然陳舊，但比我預想的乾淨寬廣許多，四月底的雨季深林，風中還帶著寒意，我們掬起清澈的山泉，在屋外的木製桌椅上煮一鍋溫潤回甘的熱紅茶，邊整理著烹飪道具邊天馬行空地聊天，直到天色漸暗，星斗滿天，才回到房間內鋪睡袋就寢。

深山的夜晚是無光的夜晚，去除了都市裡的人工光害，真的是伸出手都看不到自己的手指，黑暗有時帶來恐懼，有時反而讓人安心，墨般濃稠的山屋之夜，終於給了我遠離塵囂的真實感，我閉上眼睛，傾聽窗外稀稀落落的雨聲。

不知過了多久，凌晨已悄然來臨，趕在天亮之前，我們收拾睡袋，開始做早餐。由北往南的路線爬升多而下降少，非常消耗體力，今天的行程是去看繩文杉，預計的累積下降標高是八百公尺，上升則是一千四百公尺，可要吃飽飯才有力氣行動。

我選擇爬升多的往南方向，是考慮到在潮濕的森林環境裡，揹著重裝備下山需要技術，而我沒有縱走過，不知道自己是否有足夠的能力，安全起見，還是選擇靠體力應付。實際走完一次之後，除了山頂宮之浦岳到南方的花之江河之間有岩場，揹著重裝備確實辛苦之外，其他地方的路都修繕良好，並不難走，要是對技術有自信，也可規劃由南往北的路線，以節省體力。

天才濛濛亮，我們走進了林木之中，白谷雲水峽的森林曉霧輕籠，枝葉上露水墜落，將青苔遍布的岩石浸染得更加濕潤，這宛如奇幻仙境的地方，是宮崎駿《魔法公主》的取景地，因此又被稱為「魔法公主之森」，走在其中，樹蔭遮蔽了如絲的細雨，空氣被洗滌過濾，側耳就能聽見山林的呼吸，抬起頭，彷彿能看見坐

布滿青苔的森林，彷彿樹上住著小精靈。

在樹梢的嬌小木靈。

越過白谷雲水峽，就來到了廢棄鐵路線上，這是早年在屋久島上大肆採伐所留下的痕跡，順著鐵軌一直走，就是屋久杉樹林。鋪設過的道路好走，就算輕裝也能進入，這也是觀光客最多的一段路，能看到導遊帶著一團又一團的旅客來到世界遺產朝聖。

我們運氣十分好，走著走著雨便停了，脫下雨衣，天空露出了屋久島上難得一見的藍色，我們的心情也跟著放晴，開心地朝繩文杉走去。

巨大粗壯的杉樹頂天立地，綠葉環繞當中，不似慈祥

活過數千年的繩文杉，仍為後人遮蔭。

的暮年老人，反而有種生機蓬勃的朝氣，我們仰著頭，忍不住為這棵活過數千年的大樹發出驚呼，相機甚至無法將巨樹完整容納，繩文杉旁邊有架高的觀景台，離得近了越發壯觀，真是令人嘖嘖稱奇。

能在晴朗的狀況下盡情觀賞繩文杉，我們心滿意足，啟程前往今晚的「旅館」新高塚小屋，由於距離繩文杉近，新高塚即使是這附近最大的山屋，但也最擁擠，若有攜帶帳篷的餘裕，在山屋外搭帳篷是比較舒適的。

第三天的清晨，吃完早餐，我們離開了山屋。今天便是旅程的重頭戲了，我們將越過山頂，開始下山。

昨夜大雨傾盆，早晨開始卻晴朗無雲，一片春光明媚，正是最佳的登頂日，隨著標高上升，森林減少而岩石增加，終於顯露出了屬於山岳的嚴峻和壯闊，往上走，稜線向島的四周延伸而出，蔥鬱而優美，周圍安靜極了，除了海風搖曳樹林，林中鳥兒鳴唱，便只有我們漫步的沙沙聲。

終於，我們到達了山頂，天空猶如水洗，藍得不可思議，瀛海廣曠，一碧萬頃，上下兩匹寶藍色的布幕中間，夾著銀白的地平線，站在高處

前往山頂，滿眼是藍天綠意。

曾經載運大量杉木的鐵軌如今已廢棄，反倒成了登山路徑。

俯視浮雲，一瞬間竟不知道悠然的雲朵是飄在空中，或是漂在海上，只覺得在這澄澈的美景之前，儘管肩上的行李重量沒變，我卻卸下了更沉重的負擔，煩惱都融化在天與海的擁抱中，輕盈得一跳就可以乘風飛起。

「太美了！屋久島竟然有這種晴天，簡直就是奇蹟！」

「山神有保佑啊！」友人雙手合十，一臉的幸福。

該是下山的時候了，我們朝著花之江河的方向一路下降，準備前往今天住宿的山屋淀川小屋，到山屋之後，其實距離登山口僅一小時的路程，

也可直接離開山區，前往沿海住宿，享受溫泉及美食的療癒，不過我們此行規劃是想盡可能待在山上，還是決定再在山區聽一晚的雨。

屋久島整體水量都十分豐沛，但花之江河不愧是帶有「江河」二字，岩石間細流涓涓，時不時飛瀑湍急，水深處堪比溯溪，比起登山，更像是河岸散步，從魔法森林出發，越過巨岩山頂來到此處，猶如進入如茵水鄉，展望綠草環繞的寧靜湖泊，又是完全不同的浩渺美景。

繼續下降，下午時分終於來到淀川小屋，雨又開始滴滴答答地落在森林裡，坐在山屋的屋簷下，眺望著林間雨景，大樹蒼勁，小草柔韌，自然界蓬勃生機，欣欣向榮。鍋裡的熱水沸騰了，煙霧騰起，帶來一些人間的煙火氣，煮一鍋麵條，搭配乾燥蔬菜、魚肉香腸，拌上辣醬，再用這難得一見的蔚然春光下飯，我吃的是滿漢全席嗎？讓簡單食物在我味蕾上跳舞的，肯定是山林的魔法。

夜色漸深，我們窩在睡袋裡，明天太陽升起之後，這趟身心沉浸於自然的縱走之旅就要結束了，離別的寂寞湧上心頭，窗外的雨聲惆悵哀婉，越聽越是捨不得閉上眼睛，與山的相聚令人狂喜，每一秒鐘的經驗都新奇得閃閃發光，然而登山最終總是要下山的，直到下山結束為止，一場登山才算完美完結。

所以，不到歸家，旅行便沒有結束。我閉上眼睛，說服自己，不好好休息，可沒有體力繼續旅程。

早晨還是到來了，登山者們熙熙攘攘地準備出發，我們無精打采地收拾行李，今天的行程僅剩走到淀川登山口，接著便是坐巴士到港口，搭船離島了。

走出小屋，廁所前兩位

工作人員正在整理，屋久島這樣的自然環境，是沒有抽水馬桶的，山間地勢高，細菌活力低，污物無法自然分解，只能靠人力運下山，這樣的工作極其辛苦，路過的登山者看到他們，都會鞠躬說謝謝。

也許是因為走慣了山路，明明揹著那麼重的東西，我們下山後沒多久，正在登山口旁的回收箱前丟攜帶式廁所，就看見一個工作人員下山來，站在山道旁喝水。

友人還在廁所裡，我無事可做，乾脆過去打招呼道：

「謝謝，您辛苦了！」

「你們也辛苦了，我看見你們在丟攜帶式廁所，謝謝啊！」工作人員擦擦汗，開朗地笑著說。

當初計畫時找過資料，我們知道屋久島的生態保育非常困難，所以確實有自己帶，也有使用，不過大部分還是在山屋的廁所裡解決，他這麼一說，我反而不好意思起來，「應該的，不過我們也用了山屋的廁所，對不起。」

「沒關係的，你們是登山客嘛！謝謝你們喜歡屋久島。」

「您是本地人嗎？」

「對啊！另外一個人也是。」工作人員往登山道的方向望了望，「不過他上禮拜下山時扭傷腳，走得比較慢。」

「啊？都受傷了還……這也太辛苦了。」

「沒辦法，這份工作總是要有人做嘛！」

我滿心愧疚，再次道謝之後，想起本來打算在登山口繳納保全金，也就是環境保護費用，但卻沒有找到繳納處，趕忙詢問他。

「喔，那個啊，因為之前發生過錢被偷的事件，所以都封起來了，可能得麻煩你到沿海的旅客中心去繳了。」

「什麼？這種錢也偷，太沒良心了吧！」我瞠目結舌。

工作人員苦笑起來。

屋久島雖然規定登山客得繳納保全金，但沒有人力管制登山口收費，所以只是在登山口放置郵筒一類的繳納處，也無法監督登山客究竟有沒有繳費，等於是自由心證。

儘管在日本待了很多年，對日本這種相信人性本善的做法，我仍然不知道是對是錯。

友人從廁所出來，得去趕巴士了，我再次道謝之後揮別工作人員，「我們一定會去繳費的！」

一九九三年，屋久島與姫路城、法隆寺、白神山地一起被登錄為世界遺產，是日本首批獲得認證的地點之一，但沐浴於大眾視線下、終於能提倡森林保育的同時，蜂擁而來的觀光客反而讓屋久島的環境急速惡化，登山道毀壞、垃圾散落在林木間、水源遭到污染，處理費用嚴重壓迫地方財政，向登山者募得的款項不過是九牛一毛，一度想要申請成為危機遺產來尋求國際援助，經過多年宣導，也只稍微好轉，這稀有的野生自然如此脆弱，稍有不慎就會破滅。

「待會一下公車，你就去換船票，我去旅客中心繳費。」計算著開船的時間，我們在巴士上分配工作。

「你可要跑快點喔！」

「放心交給我吧！」

沿海的平地上，今天的屋久島依然細雨紛飛，我揹著沉重的行李，上氣不接下氣，一路衝進了旅客中心，「我要繳、繳保全金！」

「你是現在下山啊？謝謝你特地跑一趟，辛苦了。」櫃台小姐溫柔地對我笑，打開一個袋子，杉樹的香氣浮了出來，「這個是紀念品，你挑一個吧，是屋久杉做的喔！」

保全金一人份是日幣兩千圓，紀念品是屋久杉的小木牌和一小袋杉木除臭包，精美得令人驚喜。

勿餵食日本猴的宣導貼紙以及紋路各異的木牌，值得珍藏。

重新揹上行李，我向著港口狂奔，雨勢纏綿，淅淅颯颯，盤桓不去的濕潤空氣，讓我想起了白谷雲水峽的清晨、花之江河的午後，還有山屋的夜晚，直入雲霄的繩文杉、優美的稜線與海洋，以後每當下雨的時候，我都會想起這裡，希望這座島永遠不要變，當我下次回來的時候，仍能看到被森林簇擁的宮之浦岳。

船已經靠岸，旅程要結束了，雨絲斜織，我抹去臉上的雨水，加快腳步，朝著碼頭跑去。

Info

▶ 因為瓦斯不能上飛機，必須到鹿兒島之後，再在本地的登山用品店購買，如果行程比較緊張，也可以在日本的購物網站上購買並選擇超商領取，送到離港口最近的便利商店，這是最快速的方式。另外，港口有付費寄物櫃，提供多天寄放行李的服務。

▶ 屋久島觀光協會提供的中文觀光手冊，內有詳盡的地圖。

屋久島觀光協會官方網站

Chapter 5
散策篇
悠閒慢旅、輕鬆愜意

沖繩民宿

市場上的討價還價是人間煙火，山巒裡的靜謐古道是神靈殿堂。探險洞窟，找尋千百年的歷史；漫步海岸，享受最絢爛的今朝。每一條散步道都沒有終點，山還是海，抑或是一個城市的興衰，慢慢地走，細細地看，才能體會旅行的美好。

浪漫京都櫻花巡禮

鹿群與美麗的奈良

通天閣

熊野古道

海軍壕公園

京都府 京都市

浪漫京都櫻花巡禮

日本各地都有櫻花，但京都的櫻花與其他地方又都不同，帶著一種「京風」的優雅，如果要在日本度過爛漫春日，京都賞花之旅絕對會是一場華麗的盛宴。

到京都第一件事是什麼呢？當然是租和服啦！什麼顏色好呢？俏皮的「京藤」、高貴的「若紫」、艷麗的「紅唐」，或者是樸素又充滿傳統之美的濃色、紺色，和服的每一塊布料，都是千年的文化渲染。

換好了衣服，從「祇園四條」車站出發，要順著「花見小路」走向圓山公園嗎？木屐在石板路上發出喀啦喀啦的聲音，光是這迴響就自然襯出古都的風流，抬頭四望，會不會剛好遇見外出散步的花魁呢？公園裡的八坂神社擁有超過一千三百年的歷史，朱紅的木造建築華美大器，湖畔的垂櫻開得正好，來野餐吧！在這春意融融的嫩綠與淡粉之間，享受推散白雲的清新暖風。

再往南邊走，就是知名的清水寺，「清水的舞台」地勢高挑，佔據最佳景色眺望點，春天的櫻粉得像霞、秋日的楓紅如烈火，還有盛夏的濃綠簇擁，觀光客人聲喧嚷，古剎卻肅穆端莊，帶著超脫於世俗的沉穩堂皇。

還是要去京都御苑呢？皇室花園中，古典的傳統房舍有著繁忙的現代人甚少體會的嫻靜典雅，如果能倚在散發著木香的走廊上，一整天悠然仰首欣賞櫻花，該是多麼享受的事啊！近衛邸跡中，正是各色櫻花爭奇鬥艷的時候，有挺立枝頭的吉野，也有飛瀑一般的垂櫻，濃豔的粉紅或是素雅的淺白，教人目不暇給，分不出最美的是哪一株，不禁流連忘返，忘記時間的逝去。

穿著浴衣走過鳥居的旅客，充滿日式風情。

京都御苑中的櫻花好似與花魁爭艷。

這樣在京都的花海裡逍遙散步，好像才剛出發，天色就漸漸暗下來了，但這一天並沒有結束，只是拉開了璀璨的古都之夜，到祇園白川來賞夜櫻吧！春日的白川，夜闌也點著朦朧的燈，妍暖的晚風中，櫻花枝條輕輕搖曳，好似河上的輕煙。

找一家河畔的居酒屋吃飯吧！新鮮的京野菜、軟嫩的湯豆腐，川魚鮮美鹹香、生麩口感獨特，要喝日本酒嗎？還是等下去吃抹茶搭配和菓子呢？暮色越沉，居酒屋裡越是人聲鼎沸。

忽然，不知道從哪裡，遠

▲白川夜櫻妝點京都夜間風情。

▶品味櫻花冰淇淋，和春日的浪漫京都相遇。

遠傳來了沉鬱的晚鐘遙響，我不禁放下酒杯，想起了戰爭小說《平家物語》的開頭：「祇園精舍的鐘聲，是諸行無常的聲響……」

「發什麼呆呢？乾杯乾杯！」

清脆的酒杯撞擊聲喚醒了我，是了，祇園精舍在彼方的天竺，這裡是京都祇園，美夢般的韶景春夜，憑欄望去，如紗如幕的靜謐夜晚給人一種永不會結束的錯覺，彷佛定格在古老的平安時代繪卷之中，一面的粉櫻滿開，花落如雨，把最深的夜色，都覆蓋在繁星似的錦繡裡。

鹿群與美麗的奈良

日本最古老的詩集《萬葉集》中描寫奈良：「萬紫千紅花綻放，美景最盛是今朝」，和歌中「奈良」這個地名前常有枕詞「丹青よし」存在，枕詞是和歌技法之中，為了喚起讀者對下一句開頭預測的定型句，看到「丹青よし」出現，讀者就會猜測接下來要出現的地名是奈良，並湧起許多美好想像。

「丹青よし」是什麼呢？「丹」是赤紅，「青」是翠綠，有人主張是土壤的赤土與青土，是在讚頌奈良大地的豐饒；也有人推論是遠山與紅

奈良公園的鹿
為了吃到鹿仙貝
會向遊客鞠躬。

花，是在感慨奈良自然的燦爛；還有人根據古蹟「平成京跡」牆壁青綠而梁柱鮮紅來推斷，是在詠嘆奈良建築的富麗。

「よし」也有不同的考證，或認為是形容詞「好」，也就是美好的；或指摘為助詞，表達感動與詠嘆。時至今日，我們已無法確認古人在創造這個枕詞時，到底是採用哪一套說辭，但奈良山川風景、古蹟宮殿的美麗無庸置疑，一千三百年前的萬葉人，和二十一世紀的我們，到了這裡，都唯有深深感嘆。

在奈良散步是很舒服的，春日遲遲，青翠的公園草皮上，鹿群或緩步著嚼食青草，或一臉放空地瞇眼曬太陽，烏鴉躡手躡腳地繞到後方，偷偷從鹿尾巴上拔毛，也不知道是沒發現還是心胸廣闊，懶洋洋的鹿還是一動也不動，整個公園散發著一種讓人想躺下來，什麼都不做只是悠閒度過時光的慵懶氣氛。

傳說鹿是神的使者，所以奈良才這麼尊敬鹿，以至於不少景點都可以看到鹿群漫步，網路上也不少各種「奈良人騎鹿上班」、「奈良人騎鹿買菜」等令人發笑的梗圖，不過不要看鹿可愛，就覺得牠們都是溫馴的斑比，野生動物為了吃可是很兇悍的，近年來不乏遊客過度逗弄而遭到襲擊的新聞，要跟野生動物相處，還是要遵守一定的規則，人家都跟你鞠躬了，鹿仙貝趕緊給出去吧！

奈良是千年古都，首要旅遊景點當屬神社佛寺等古蹟，第一次去的人必去東大寺和春日大社，能深入體會奈良建築的恢弘，以及聖地莊嚴肅穆的氛圍，這兩個景點和奈良公園在同一區，容易移動，如果看完仍有時間，也可就近到奈良國立博物館參觀，增加對奈良的理解，讓旅行更有深度。

▶ 春日大社的御籤小鹿是最受歡迎的紀念品。

◀ 奈良縣的鄉土料理壽司，柿葉殺菌兼有獨特香氣可增添風味。

然而，也就因為奈良的重要觀光景點都匯聚在同一區，導致很多遊客排行程時，都會從「關西之旅」分一天給奈良，非常可惜。就像和歌所吟詠的那樣，奈良多得是值得一看的地方。

例如說到神社佛寺，有本堂被列為國寶，紫陽花盛開時節超美的長弓寺、以千手觀音等凝聚室町時代名工技法佛像聞名的達摩寺；說到古蹟，有路旁開滿鮮豔彼岸花，秋季必訪的葛城古道、「日本三大山城」之一的高取城跡；說到自然，有最適合夏天玩水烤肉的御手洗溪谷、能盡情觀賞斷崖絕壁與神祕深潭的瀞峽；說到公園，有滿栽四季花卉，還能

同時觀賞古代古墳遺跡的馬見丘陵公園、雕刻作品與周遭景致完美融合的室生山上公園藝術之森……植物園、美術館、登山步道、眺望景點，數也數不完。

隨著呦呦鹿鳴，漫遊世界遺產、萬水千山，不要吃完柿葉壽司和釜飯就滿足回家，看罷東大寺和春日大社，你的奈良之旅才剛剛開始呢！

▼東大寺以建築造型聞名，在藍天與櫻花映照下更有可觀。

大阪府

大阪美食街道散步

街頭巷尾，人聲鼎沸，空氣中飄散著食物的香氣，吸吸鼻子，好像是麵粉的焦香，是什麼呢？日本的商都——大阪，街道上總是充滿了元氣四溢的生活感，如織的遊人走過心齋橋，一路逛到道頓堀，服飾店、禮品店，當然了，還有數也數不盡的小吃攤販，共同奏響一首活潑輕快的美食街道圓舞曲。

在吃正餐前先來個點心填填肚子吧！大阪的在地美食首推章魚燒（又譯「章魚小丸子」），一般都認為章魚燒在

關東、關西口味不同，關東酥脆而關西綿軟，但這套論調跟大阪人講，可是會讓他們笑掉大牙，關東營造出酥脆口感的秘訣在於大量放油，等於是在有圓形凹槽的鐵板裡炸麵糊，都不能叫章魚燒了，應該改名「章魚炸」。

大阪也不是隨便哪家章魚燒都好吃，多的是跟風的攤販，如果在關西吃到了軟趴趴的章魚燒，可不要誤以為這就是「綿軟」，真正的關西章魚燒，外皮煎到火候剛好，一口咬下的瞬間帶著勁道，牙齒切入其中，便會接觸到纏綿柔軟的麵糊，包裹著Q彈的章魚，數種不同的口感在口腔中交互作用，麵團中柴魚高湯的香氣優雅、麵粉噴香、章魚鮮美，再配上鹹甜的醬汁、醇厚的美乃滋、點綴增添海味的海苔粉與柴魚片，一個小小的團子，層次豐富飽滿，燒燙燙地一起鍋，就讓人忍不住一邊呵著熱氣、高喊燙口，一邊又插起下一顆，這才是真正的章魚燒。

如果不喜歡傳統章魚燒的甜口醬汁，近年也有不少新開發的選擇，例如馥郁濃醇、帶著米香的味噌口味，或者清新爽口、散發柑橘芬芳的柚子醋醬油，大可盡情嘗試，尋找自己心目中的第一名。

午餐要吃什麼呢？號稱「元祖」的「北極星蛋包飯」，還是道頓堀上有巨大螃蟹看板的「螃蟹道樂」？如果是冬天，肯定要來一碗熱騰騰的「金龍拉麵」！比起北日本偏向重鹹重油的拉麵體系，關西地區的拉麵味道較淡也較清爽，香噴噴的豚骨湯頭溫和而不厚重，配上軟嫩叉燒堪稱一絕，光這樣也很好吃，不過金

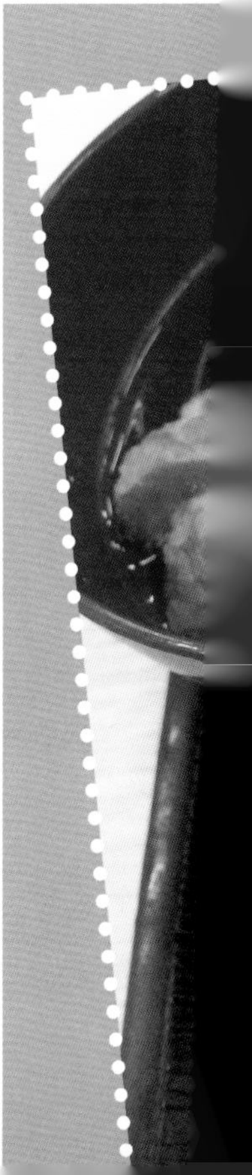

◀全年無休的老店金龍拉麵，隨時都能撫慰身心。

龍拉麵的特點就是可自由添加的韭菜、泡菜與蒜泥，大方地放在櫃台，可隨喜好拿取，搭配出自己獨一無的口味。

除了道頓堀，日本最長的商店街「天神橋筋商店街」也很值得一逛，這裡的觀光客較少，所以更有本地氣息，商店價格便宜，常能看到精打細算的家庭主婦進行大採購，但最重要的是，美食餐廳也是便宜又好吃！

來吃壽司吧！先點一碗蛤蜊紅味噌湯，堆疊得像山一樣高的蛤蜊和溫暖的湯品拉開一餐的序幕，干貝、甜蝦、鐵火卷，不管點什麼都是超級便宜，又保持著新鮮美味的品質，著實令人驚嘆。必點的當然是鮪魚肚了！在其他壽司店只吃得起「赤身」（瘦肉部位）嗎？盡可到此用最低價享用「大トロ」（鮪魚大腹），鮮甜細嫩的魚類脂肪，一放入口中立刻融化擴散，把豐腴飽滿的甘味拓印在每一顆味蕾上，教人不由得流下感動的淚水，太好吃啦！

奢侈地飽食高級魚，價格也和普通的迴轉壽司差不多，搗著圓滾滾的肚皮走出店家，結束了嗎？不不不，沒有吃甜點，哪能說一餐結束了啊！

要吃什麼當作句點呢？雖然新潮的大阪街道也不乏西洋菓子，但還是來點日本味的「和甜點」吧！要吃鬆軟綿密的日式鬆餅嗎？麻糬類的草莓

◀鮮甜融在口中的鮪魚肚壽司值得排隊品嚐。

大福或御手洗糰子嗎？還是鮮奶油銅鑼燒呢？餡蜜甜美、荻餅香Q，宇治金時茶味芳醇，哪一個都難以割捨。

但即使是我，也不能選擇全吃，決定了，今天就吃蕨餅吧！蕨餅的口感嫩滑柔軟，特別是夏天，冰鎮一下再吃最棒了，在近乎透明的果凍狀蕨餅上撒滿黃豆粉，再澆淋黑蜜，搭配看似簡單，卻互相襯托，甜而不膩，百吃不厭。

好了，真的吃不下了！逛街吧！夜色逐漸深沉，周圍仍然喧囂，店家的窗戶透出暈黃的燈光，遊客嘻笑著挑選伴手禮，屋台的燈籠隨風搖晃，朦朧了月色。

街道的那頭，又傳來鐵板煎麵粉的味道，噴香撲鼻，是大阪燒！摸摸肚子，來都來了，偶爾吃吃宵夜也沒關係啦！厚實的麵餅融合了高麗菜的香甜，加上外酥內嫩的豬肉或者彈牙的海鮮，一口咬下，滿意得瞇起眼睛，呼出的熱氣散在風中。

大阪真是麵粉料理的天堂，類似的還有添加炒麵的「摩登燒」（モダン焼き）、海鮮愛好者無法拒絕的「花枝燒」（いか焼き），以及放入大量青蔥和滷牛筋、口感別緻的「蔥燒」（ねぎ焼き），喜

◀原名御好燒的大阪燒，現煎現吃最可口。

▶撒上黃豆粉的蕨餅，香氣引人。

歡麵粉美食的人來到大阪，都不需要安排其他行程，光是吃就能耗光所有時間。

心情滿足輕快，步伐沉重無比，我搖搖晃晃地走向旅館，離開仍然喧鬧的街。華燈初上，店員的吆喝、推門的聲音，伴隨著鐵板滋滋作響，彷彿演奏到最高潮的交響樂，弓弦揮舞、鼓棒彈跳，這首生氣蓬勃的曲子將不斷持續下去，可惜今天的戰鬥力已經歸零了，明天吧！等明日朝陽初升，我就回來加入合唱。

大阪府 大阪市

通天閣

我很喜歡大阪的通天閣，只要去大阪玩，有機會都會去通天閣，對我來說，通天閣有一種坦蕩蕩的商業氣息，有些景點的商業化是遮遮掩掩的，想讓你感覺它有一些文化或藝術在裡面，但通天閣彷彿拋棄了這一切偽裝，攤手哈哈大笑道：「來吧！繳錢！然後逛逛逛、買買買、吃吃吃！」不知道為什麼，這種坦率反而讓我卸下心防，放鬆極了。

仰看通天閣，也可搭電梯進入逛完五層。

雖然說近代鐵塔的歷史文化都比較短暫，但通天閣的成立還算有趣，明治時代，通天閣作為大阪的象徵被建立，當時僅七十五公尺左右高，但已經是日本第一，再加上周圍並無高樓，顯得直上雲霄，不愧「通天」之名，可惜之後發生火災，毀於一旦，一直沒有重建。

到了昭和時代，名古屋電視塔蓋好了，面對新的日本最高，不服輸的大阪人被點燃志氣，即使經濟上不景氣，仍決定全力重建通天閣，二代目通天閣加蓋到一百零三公尺，在當時擁有日本最高的展望台，啟用那天，鐵塔上兩萬個電燈泡瞬間亮起，大阪的象徵重新煥發光明，看著這一幕，熱淚盈眶的大阪人想必不少吧！

通天閣的另一面是日立廣告，引人發噱。

一年後通天閣表面鋪上了霓虹電板，晚上也會有「通天閣」的字樣閃閃發光，這基本上就是我們目前看到的通天閣雛形，神奇的是鐵塔另一面顯示的是電器公司「日立」的廣告，不只當時的人們頻頻吐槽：「為什麼是日立啦？日立的總社又不在大阪啊！」現代的人們也是一頭霧水，在網路上查詢通天閣，就能看到一堆「為什麼是日立」的發問，令人啼笑皆非。

平成年代，通天閣作為大阪戰後復興的代表，被登錄為國家的有形文化財，通天閣高五層，內部有許多展覽，但和其他追求歷史價值的鐵塔不同，通天閣的內部十分「大阪」，目標完全是「好笑、好玩」，例如裡面的展望台全部漆上金漆，模仿豐臣秀吉在大阪城建造的黃金茶室，但金色的茶室是華麗，展望台這麼「金益求金」就非常俗夠有力，閃閃發光到讓人好氣又好笑。

還有通天閣的幸運之神神像「比利肯」（ビリケン），一般日本建築物中的神社都是拜日本神，這個比利肯神如其名，是來自於美國的，而且雕像全身又是金光閃亮了，真是吐槽吐不完，有意思的是，比利肯的參拜方式是為神像搔癢腳底板，據說讓比利肯發笑的話，願望就會實現，不知道大阪人這麼設計是認真的還是在裝傻，通天閣每個細節都充滿大阪式的幽默。

不能免俗地摸摸神像比利肯的腳，祈求願望實現。

以最早期通天閣建成模型與光影音樂場景，可讓人日以繼夜沈浸其中。

當然，忽略這些引人發噱的設定，單純把通天閣當成登高眺望之處也是可以的，通天閣內也有典雅的日式庭院、復原一百年前初代模型和天花板畫等正經的設施，從展望台可眺望大阪市街，觀賞大阪城等有名建築物。

不過對我來說，和朋友一起哈哈大笑，討論：「這是什麼東西啦？」、「建這個要幹嘛啦？」、「不知道大阪人在想什麼耶！」大概才是逛通天閣的醍醐味吧！

從通天閣出來，推薦逛逛附近的昭和氣氛商店街，必不可少的就是吃「炸串」（串

炸串是此行必吃的庶民美食。

カツ）啦！炸串是大阪的著名平民美食，將各種食材插在竹籤上，裹上一層麵粉油炸，最後沾上特製醬汁，入嘴酥脆噴香，一邊燙得直哈氣，又忍不住再咬下一口，一串接著一串，好吃得停不下來！但要特別注意的是，醬汁是大家共用的，所以只能沾取一次以保持衛生，可別擅自幫別人「加料」啊！

笑了一整天，又吃得心滿意足，回旅館的電車上，我們癱在椅子上，看向車窗外，通天閣正在黑夜中散發著光芒。

我立刻道：「明天會是個好天氣呢！」

「為什麼啊？」友人不解地問。

「你看通天閣頂層那一圈圓形光圈，那個其實是天氣預報裝置喔！白光是晴天、藍光是雨天、紅光則是陰天，最多會有兩個顏色互相組合顯示天氣變化。」

「啊？還有這種功能啊？超有趣！」友人笑了起來，「哇，全白，明天會是超級好天氣，耶！」

我們相視而笑，靜靜眺望著窗外飛逝而過的建築物，還有沉默豎立的通天閣，忽然地，我又從這棟坦率的高塔上，感覺到了一種文化性的、藝術性的美感，是錯覺嗎？我不知道。但我下次還會再來看它，與其他一生只會去一次的商業設施不同，下一次、下下次，我都還會再來看它。

Info

通天閣
官方網站

高野山

日本著名的戰爭小說《平家物語》中，描寫高野山：「避帝城二百里，遠鄉里無人聲，青嵐鳴梢，夕日影靜。花色綻於林霧之底，鈴音響在尾上之雲。瓦生松，牆長苔，久覺星霜。」靈山孤寂，但並不落寞，寂寥是靈修之地必然的宿命，唯有遠離塵囂，才能澄淨心神。

高野山有一千兩百年的歷史，是平安時代天皇賜給著名僧人空海（弘法大師）的修禪地，雖然名為高野「山」，但其實並不是山，而是被八座山峰包圍的盆地，八峰圍繞形似蓮花花瓣盛開，難怪會成為佛教聖地了。

又因為日本從《萬葉集》的年代「上代」（約一千年三百年前），到《平家物語》的年代「中世」（約八百年前），都深受佛教影響，像高野山這樣的清修之地，也被許多文學作品一再提起，特別是平家物語一類描寫戰亂之世的小說，額外需要宗教的救贖，便也讓高野山成為了著名的中世文學聖地。

高野山大致可以分為兩個部分，一個是國寶級宗教建築齊集的「壇上伽藍」，一個是有大量墓石群、慰靈碑、供養塔等等的「奧之院」，在傳統神道與佛教並行的日本信仰之中，神道掌管人的出生，佛教則接納人的死亡，所以佛寺中都會有大量的墓地。

一般人避諱死亡和墓葬，將墓地視為陰森恐怖的地方，當然不可能專門去「墓仔埔」觀光了，但也許奧之院可以改變這種刻板印象。

一走進高野山，便會感到與外界截然不同的靜肅氣氛，但那並不是恐懼帶來的安寧。天空是湛藍的，整座山頭都沐浴在燦爛的陽光中，一片澄明，生長了幾世紀的粗壯大樹抬頭迎接日光，鳥兒在枝葉之

奧之院綠樹參天，毫無陰森之氣。

（圖1）

（圖2）

（圖3）

（圖4）

（圖 1）在奧之院的巨大古樹下，可遙想平家昔日榮景。
（圖 2）奧之院也供奉一代梟雄織田信長。
（圖 3）經由老樹幹引路，前往豐臣家墓所。
（圖 4）遊客供奉錢幣，以表虔誠祈福。

間啁啾歌唱，由石頭堆疊而成的佛塔古樸滄桑，泛著溫潤的光芒。

走近觀看，便會看到許多歷史上有名的名字，鎌倉時代或者戰國時代的武將，生時各有各的立場，戰得你死我活，千年之後卻都在此地接受同樣的供奉，也僅有高野山，能包容所有的功過對錯，與宗教、民族、立場都沒有關連，這片聖地有著特別的溫柔和寬容。

通過御廟橋就是供奉弘法大師之處。

穿過石板拼接的古意石橋「御廟橋」，便會到達供奉弘法大師的御廟，世人相信著這位聖僧並沒有逝去，仍在此處入定，千年過去，還是絡繹不絕地前往朝聖，戰死者不計其數的平家物語之中，也有高壽數百歲的弘法大師出場的一景，亂世中人們對救贖的渴望便寄託於此。

高野山的另外一頭，寺廟聚集的壇上伽藍充滿世界遺產和重要文化財，除了建築物本身值得一看，寺院中收藏的雕刻、繪畫、佛具等等，也是重要的藝術品。僧人們穿著袈裟，漫步穿梭於寶塔和佛閣間，如此令人身心靈皆沉澱下來的肅穆，也只有在一方聖地才能體驗得到吧！

該到了做晚課的時間了，遊人們逐漸離去，我細細思索著閱讀過的中世戰爭小說，平家物語描寫了平安、鎌倉時代的戰火紛飛，流傳甚廣卻作者不詳，歷經無數次改編，擁有數十個版本，被評論為「慰靈小說」，但需要慰靈的是亡者嗎？抑或是還活著的人們呢？我們閱讀著死亡的冰冷和殘酷，唏噓感慨的同時，是不是也從中體會到了生命的溫暖與貴重，獲得勇氣，終於能直面未知的恐懼呢？

我也不知道答案，人們精心鑽研生與死，數千年來，沒有一個答案能令所有人信服。

但是再回頭看高野山一眼吧，青嵐鳴梢，夕日影靜，如同平家物語裡的一樣，黃昏撰寫著一天的終章，大樹和小溪都逐漸沉睡，我不敢驚擾，放輕腳步聲，緩步遠離飄浮著檀香和梵音的聖域。

關西的鐵道公司共同推出的「高野山 1day チケット」。

南海電鐵的兩日券「高野山・世界遺產きっぷ」。

▶ 交通方式：搭乘「南海高野線」到「極樂橋」車站，之後轉搭高野登山電車到「高野山」車站。

如果要從大阪地區前往，可以購買高野山的周遊券「高野山1day チケット」，除了交通費比較划算，參拜佛堂、購買伴手禮的費用也有折扣。但如果要串聯關西其他地區遊玩，只計算交通費，「關西周遊卡」（KANSAI THRU PASS）可能較便宜。

▶ 如果有車的話，不妨順路前往同在和歌山縣的「龍神溫泉」，龍神溫泉傳說在一千三百年前由弘法大師開湯，由於泉質有美肌效果，與島根縣的「湯之川溫泉」、群馬縣的「川中溫泉」並列為「日本三美人湯」，值得一遊。在日高川旁的溫泉旅館停留一個晚上，邊泡湯邊觀賞溪流更佳，也可結合和歌山縣南部的「白濱溫泉」（見溫泉篇）一起遊玩。

名列日本三美人湯之一的龍神溫泉，由弘法大師開湯。

熊野古道

山岳聳立、瀑布轟鳴，大自然的一切是那麼觸動人心，日本人相信河川、巨石、樹木裡都有神靈寄宿，對自然的崇敬，正是信仰的起源。在這麼多地點之中，被充滿魅力的自然風光包圍的熊野，自古便被認為是眾神聚集的聖地，而到「熊野三山」參拜之路，就是「熊野古道」。

所謂的「熊野三山」，包含「熊野本宮大社」、「熊野速玉大社」、「熊野那智大社」三間神社，以及「那智山青岸渡寺」一間佛寺，自平安時代開始，從天皇、貴族、武士，到普通的平民，誰都能平等地前往祭拜，獲得了無數信徒，這讓日本各地的人們跨越遙遠距離、走上艱難道路以參拜熊野，人數之多，甚至有「螞蟻的熊野參拜」之稱。

現代人當然不用像古人那樣一步一腳印，利用電車和巴士就能直接到達神社門口，但走一趟熊野古道，不但是虔誠之心的顯現，也成為了一種復古旅行的浪漫。

熊野古道的範圍廣闊，不僅是和歌山縣熊野地區的幾條參道，還包括從三重縣的伊勢神宮（見東海道篇「伊勢神

熊野古道的上山石階顯得蒼勁古樸。

挺拔杉木夾道，令人神清氣爽。

宮」）到熊野的「伊勢路」，從熊野本宮大社到高野山（見散策篇「高野山」）的「小邊路」，以及從熊野越過紀伊山脈直到京都的「紀伊路」，加起來全長超過一千公里，想要全部走一遍，堪稱曠日廢時，所以大部分遊客都會在熊野區域安排三天兩夜或兩天一夜的行程，可初步享受熊野的風土、森林和溫泉。

其中最受歡迎的路線，當屬從田邊市起登、到達本宮大社，再經過那智大社往速玉大社的「中邊路」，一般狹義的「熊野古道」指的也是這條路徑，全長約八十四公里。

瀑布飛沖而下，如同銀鏈。

深深的森林中，烈日金輝被挺拔杉木過濾，白燦燦地篩落在古樸莊重的石板道路上，光影瑰麗透亮，除了遠方隱隱的蟲鳴鳥叫，古徑中幽寂安寧，唯有自己的腳步聲，深吸一口氣，清冽的空氣裡漂浮著芬多精，讓被俗世塵灰塞滿的肺部得到洗滌，精神也為之一振。

古道寧靜卻不寂寞，也會路過里山茶田，村民們將茶葉、蜂蜜或曬好的柿餅放在無人的小木屋中，留下費用便能隨意取走，像是上個年代路不拾遺的純樸古風。站在高處俯瞰梯田，遠山靈秀而草木青翠，木造民居、舊式水井，彷彿被時光遺忘，緩步走過一幀一景，古意盎然又滿溢獨特的風情。

來到本宮大社，白木為柱、檜皮做頂，傳統的日式建築看似古拙厚重，卻散發著不可忽視的龐大氣場，難怪人們相信此地有神靈寄宿了。神殿前已排起長長等待祈願的人龍，果然和古諺說的一樣，猶如螞蟻的隊伍。

相較於參拜神社，那智大社更重要的景點可說是「日本三名瀑」之一的「那智瀑布」。那智山中溪流眾多，由

三重塔與那智瀑布是必拍景點。

溪流匯聚而成、飛瀉而下的便是那智瀑布，水是生命泉源，自古那智瀑布就深受崇拜，高一百三十三公尺的巨大落差，從熊野灘海邊也可望見，華美的姿態出現在許多宗教美術圖畫上，今日的人們仍篤信那智瀑布的水有延命長壽的功效。

由瀑布底下的飛瀧神社仰望，飛湍峻急，凌虛飛下，水勢轟隆如萬馬奔騰，壯觀無比；或從高處眺望，青岸渡寺的三重寶塔紅柱青瓦、色澤端麗，灰色山壁上那智瀑布懸成一條銀白的線，周圍鬱鬱蔥蔥、樹影環繞，真是文化與自然共同創造的奇觀美景。

很多遊客來到速玉大社祈願還願。

沿著海濱前行，佇立在河畔的便是速玉大社，由於位在平地，速玉大社是三社之中最容易到訪的一間，青空、白雲、綠樹之下，鮮豔的朱紅色建築物華麗氣派，非常吸引目光。除了有名的千年梛木（竹柏）被列為「天然紀念物」，值得一看，還併設有近代文豪佐藤春夫的紀念館，因為身為詩人與小說家的佐藤春夫，正好出身於和歌山縣的新宮市。

從都市登上山稜，又從古道來到海邊，走這一趟長長的巡禮之路，自然要有點美食慰藉口腹。「紀伊勝浦」車站附近，勝浦漁港正熱鬧著，這

選定信譽可靠的店家，生鮪魚趁鮮吃最滿意。

裡是日本最大的「生鮪魚」產地。

等等，生鮪魚是什麼意思？剛補上來的鮪魚不都是生的嗎？但此處「生鮪魚」的相反詞並不是「熟鮪魚」，而是「冷凍鮪魚」，生鮪魚是指從未經過冷凍的鮪魚，生物的細胞在冷凍時會因為內部水分結冰而遭到破壞，造成水分和成分的外溢，沒有冷凍過的鮪魚就無這個疑慮。

來到勝浦漁港，不吃個鮪魚全餐等於白來，最棒的當然是生魚片了！沾上一點點醬油，用筷子送入口中，鮮紅的魚肉柔軟富有黏性，飽滿而彈力十足的口感與冷凍鮪魚完全是兩種食物，這也太神奇了吧！不只肉質不同，生鮪魚鮮味濃郁、醇厚糯甜，每一次吞嚥都帶著清新的海潮香氣，綿密美味得讓人流淚，一盤生魚片，只有第一口和平讚嘆，接下來席間是刀光劍影，恨不得把別人的筷子都打到地上。

不敢吃生的也不用擔心，蒜煎鮪魚香氣四溢、炸鮪魚排酥脆誘人、照燒鮪魚鮮腴甜蜜，還要什麼樣的鮪魚料理？這裡全都有！食材好，怎麼烹煮都是天堂般的美食，教人吃得齒頰留香。

飽食最鮮美的海產，山道

健行的疲憊就此散去，如果不夠，還有溫泉在後頭等著呢！大家又忘了剛才的「奪魚之恨」，勾肩搭背一片祥和，樂陶陶地踏上歸途。

夜幕低垂，漁港裡萬籟俱寂，古道上也再無人煙，只等待著朝陽升起，才能恢復蓬勃的生氣。

聖地巡禮，是古代的人們踏上遙遠旅途的起始，那麼熊野參拜可以說是一切觀光旅遊的起點了，古人是為了祈禱來世的幸福而朝拜熊野，現代的人們又是為了什麼呢？

也許是為了走在古道上那心靈都被洗滌般的感受；也許是為了山川的壯麗、森林的幽靜、瀑布與大海的壯闊；也許是為了最疲憊時那熱騰騰、完美的一餐；也許是為了尋找神靈；也許是為了探索自己。

就像接納了平安、鎌倉時代從天皇到庶民的每一個人，熊野也會迎接所有抱著不同目的踏上古道的旅客，熊野不是終點，而正是旅行本身。

Info

熊野本宮觀光協會官方網站，可在此確認熊野古道的道路通行情報，以及溫泉營業狀況。

在熊野有許多出租平安時代服裝的店家，可以租借服裝在古道上拍照留念，非常有趣，有預算和時間的話不妨一試。

球泉洞洞窟探險

從生長了數億年的鐘乳石上，水滴緩緩落下，「滴答！」一頭燈的強光一閃而逝，驚醒了上萬隻蝙蝠，冰冷的地下水沖刷著岩層，隔著長靴也感覺到刺骨寒意，埋藏在不見天日的幽暗洞穴底端，古老而深邃的地球記憶——洞窟。驚險刺激的洞窟探險，是多麼教人興奮啊！

熊本縣球磨地區，這裡有九州最大的鐘乳石洞「球泉洞」，在昭和時代由愛媛大學的學術探險隊所發現，球泉洞全長約五千公尺，三億年前還

鐘乳石洞展現大自然的鬼斧神工，令人驚嘆。

沉眠在海底，因為板塊運動而隆起的石灰岩層，經由水的侵蝕而緩慢雕琢成現今的模樣，時至今日，侵蝕仍在發生，球泉洞是一個活著的鐘乳石洞，向我們展現著不可思議的地理之美。

遊覽球泉洞有一般路線和探險路線兩種，前者大約花費三十分鐘，可以簡單觀賞玄妙的洞窟地質，但大老遠跑來一趟，當然是要選擇能深入地下兩百公尺的探險路線啦！向櫃台借用頭盔、頭燈、長靴等裝備，換裝完成，嚮導振臂一呼，探險隊集結完畢，出發囉！跟隨著粗曠岩壁與地底水流不斷下潛，探索未知的領域。

雖然洞穴內有架設一些照明用的人工燈，但還是顯得非常黑暗，每一步都要十分小心，謹慎地踩著長長的梯子下降，在眾多不同形狀的石塊中尋寶，嚮導介紹著周遭的岩層，到了石洞底端，見到壯闊的地下瀑布，眾人都發出驚嘆

ホヌーテ型石筍
盃を伏せたような形の石筍で
頂上は小さいプールになつて
います 上から落ちてくる水
が多い時にできます
石筍上面落下許多水時，就形成火山型石筍。

小心順著樓梯深入地下，探索未知的世界。

聲，大自然是這麼奧妙，充滿了我們無法預測的奇思妙想。

但是瀑布的彼方也還有彎彎曲曲的路，「那是通往哪裡啊？」

「那就是真正的探險隊會去的地方啦！」嚮導高深莫測地說，「對你們這些初級探險員來說，還早得很呢！」

我們又「哇——」了起來，大家的臉上充滿嚮往。

淺嘗則止的地底探秘，彷彿揭開了一層神秘面紗，帶來了無限的收穫，我們依依不捨地回到地面上，陽光竟顯得有些刺眼，在烈日中曬了許久，才慢慢蒸發掉冰冷的潮氣，緩過了神來。

「真是太好玩了！看來我選錯職業了，應該去當冒險家才對！」

「哈哈哈，等你在地底待上十天半個月，就會懷念陽光了！」

我們在暖陽下笑著討論接下來的行程，而地底深處，又有一滴水滑過鐘乳石，輕輕地落在石筍上，再過千萬年，鐘乳石和石筍終會互相凝結為石柱，形成壯觀的石瀑，我們將不會看到這偉麗的自然美景，比起悠遠的星球年歲，人類短暫的生命猶如蜉蝣。

儘管如此，也不能朝生暮死、渾渾噩噩，我還要去更多地方、體驗全新的事物，只要能不斷尋覓，生命旅程就是一場精采的洞窟探險。

Info

交通資訊

球泉洞
官方網站

到球泉洞的交通方式，以開車最為方便，有免費停車場，如果無法開車，可以在「人吉」車站搭乘巴士到「石水寺入口」，再轉乘巴士到「球泉洞前」，兩趟巴士都是「九州產交巴士」，按照巴士運行狀況，可能不用下車轉乘，但費用會分別計算。

▶「人吉」車站附近有被指定為國寶的「青井阿蘇神社」，以及碳酸泉美人湯「人吉溫泉」，很適合串聯遊玩。另外人吉也被認為是動漫《夏目友人帳》的背景地，有許多粉絲來此進行聖地巡禮。

那霸沙灘與波上宮

明明在臺灣的北邊，沖繩就是充滿一種熱帶度假的「南國」情調，與日本本島的任何地區都差異甚遠、擁有特殊風格的沖繩，每年都與北海道競爭「日本最受歡迎旅遊地區」的第一名。

一出那霸機場，濃濃的休閒風情帶著海潮香氣撲面而來，單軌電車在藍天白雲之中搖搖晃晃，駛向下一個景點。

第一天到那霸，不妨到海濱散散步，讓身心放鬆下來，從單軌列車「縣廳前」車站步

藍天白雲下的海灘，讓人心情變得好晴朗。

行十五分鐘即是「波之上海灘」（波の上ビーチ），距離繁華城鎮如此之近，高速道路高架橋下的沙灘與大海，猶如都會中的綠洲，真是不可思議的景色。

提起拖鞋，赤腳走在沙灘上，陽光為沙子添上暖和的溫度，湧上的海水卻十分沁涼，遠處公園的長椅上，野貓抬起腳來舔著毛，尾巴都被曬得蓬鬆，悠閒得讓人從筋骨裡都泛起了懶洋洋的暖氣，只想跟著伸個懶腰。

離海灘不遠之處，便是「琉球八社」之首「波上宮」，這座建立於岩壁上的神社，不

▼色調明麗的波上宮具有琉球風格。

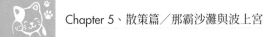

僅坐擁蔚藍海岸與雪白沙灘的美景，本身以飽和的紅色與金色塗繪的建築與雕刻也美輪美奐，神社門口的守護神不是日式的獅子「狛犬」，而是沖繩獅子（シーサー），非常具有本地特色。

度過悠然閒適的午後，觀賞完地平線日落，不妨到附近的國際街（国際通り）覓食，國際街可說是沖繩人口密度最高的一條道路，從早到晚，觀光客往來如織，一間又一間的餐飲店、伴手禮店櫛比鱗次。買點什麼帶走吧！純天然黑糖享譽國際，不買不行；沖繩盛產紫色地瓜，紅芋塔是肯定要的；還有鹹甜酥軟的雪鹽金楚糕，看著電視就可以嗑掉一大包，要買幾包才夠騰出來當伴手禮？苦惱啊！總之先買一手沖繩特有的「Orion 啤酒」，等著回旅館配宵夜準沒錯！

但是晚餐究竟要吃什麼呢？來沖繩的第一個晚上，果然還是沖繩拉麵（沖縄そば）吧？麵條柔韌富有勁道，湯頭是完美混合豬肉和柴魚的清湯，鮮美香醇又不會過鹹，喜歡吃辣的人一定要往湯裡面倒一些用沖繩當地燒酒「泡盛」浸泡的「島辣椒」湯汁，蒸餾酒的香氣加上辣椒的辛味，為拉麵錦上添花，讓人忍不住把麵湯一滴不剩地喝完。如果這樣都嫌不夠，就再加上帶著軟骨、熬煮到軟嫩的五花肉（ソーキ），一進入口中，熟爛的骨肉立刻化開，溶成濃稠的湯汁，直接滑進喉嚨，好吃到令人舔嘴咂舌。

不過，沖繩雜炒（チャンプルー）也難以割捨啊！雜炒是由新鮮蔬菜和豆腐炒製的琉球傳統料理，其中使用的沖繩「島豆腐」即使經過大火快炒也不會形狀崩解，鮮脆的蔬菜、柔軟的豆腐，再撒上增添香氣的柴魚片，不管是食感或口味都飽滿豐富，尤其使用當地綠苦瓜的「苦瓜雜炒」，微

沖繩拉麵。

苦瓜雜炒。

塔可飯。

微的清苦中帶著甘甜，一下子就消去夏日的暑氣，能多扒三碗飯。

等等，傳統料理固然好吃，沖繩全新的代表美食：塔可飯（タコライス）也不錯啊！墨西哥的塔可餅傳入沖繩後，與米食文化碰撞出新的火花，熱騰騰的白米飯上鋪滿濃郁的塔可肉醬，再配上新鮮生菜、番茄，並撒上起司，配料看似簡單，卻成功組合肉汁的鮮腴、沙拉的爽口、米飯的飽足，完美填滿了飢腸轆轆時的一切渴望，明明不是山珍海味，卻令吃過的人魂牽夢縈，還想再吃一次。

還好不是只來沖繩一晚，否則大家要為晚飯大打出手了。酒足飯飽，深夜的國際街仍然是車水馬龍，海島的夜晚吹拂著冰涼的海風，讓熱鬧的喧囂逐漸沉澱下來，彷彿還能聽到沙灘上浪花沖刷的聲音，要在這寧靜的島嶼之夜中安適沉睡，還是笑鬧夜遊直到天亮，全看明日的行程。

又或者再去沙灘上散散步呢？黑沉的海銀銀地反射著月光，天上星斗晶亮如鑽，深吸一口海潮的香氣，鬆開緊繃的肩膀，徜徉在幽靜的大自然裡，一段愉快的假期，就該開始於這樣美好的水光接天之中。

Info

如果要搭乘沖繩都市單軌電車（Yui Rail），可以購買一日或兩日的套票（フリー乗車券），除了可以自由上下車，也有許多觀光景點的折扣或贈品，十分划算。

波上宮中文官方網站

沖繩縣 那霸市

福州園

從熱鬧的國際街往西北走，松山通上，古意盎然的白色石牆鑲著花窗，一路往前延伸，在這南國度假勝地中，突兀地圈出了一片江南蘇杭風情，讓人湧起好奇心。跟著白牆向前走，可瞥見牆內探出青翠大樹，也可見遠處屹立的石塔，還能瞧見中式的磚瓦屋頂，這究竟是何方呢？直到行至大宅院般壯觀的紅色大門前，兩頭石獅子就像守衛立於左右兩側，匾額上三個大字——福州園。

福州園大門散發閩南風情。

那霸市與中國福建的福州市是姊妹都市，在十四世紀的琉球王國時期，也曾有許多福建人移民到此地，這些人作為翻譯與中國通商，對琉球王國的航海技術、教育等均有影響，也促進了琉球的繁榮。

身為兩市友好的證明，福州園正如其名，是一個使用了福州素材的典型「福州式庭園」，充滿中式庭園風光之美，又添加了沖繩本地的自然風情，很值得散步觀景、細細品味。

福州園內綠意豐沛，在沖繩無雲的藍天之下，鬱鬱樹影、婆娑竹林、翠綠湖泊共同

▼ 翠綠的湖景讓人舒放身心。

籠罩起一個靜謐的世界，瀑布的水聲、起落的蟬鳴，就連樹葉飄落的簌簌聲響，都彷彿是樂章中配合好的音符，牆上光影斑駁，穿堂的風變得溫和，大紅燈籠隨風緩緩晃動，連時光都好似放慢了腳步，盡顯園林悠閑之美。

不只是四時有不同的花草蟲魚，白天夜晚也是不同風光，福州園晚上六到九點會有夜間點燈，白日裡典雅敞亮的庭園變得深幽浪漫，適合約會。

園內腹地不小，仔細觀賞，也要花不少時間，逛了那麼大的園子，肚子肯定餓了吧！如果是吃午飯，鄰近國際街的「第一牧志公設市場」最佳，可以購買新鮮的海產，當場請店家料理，便宜又好吃，沖繩的海產與日本本島的種類完全不同，非常有趣。

要是要吃晚餐，來到沖繩，怎麼能不喝酒呢？來去居酒屋吧！單軌電車「安里」車站下車，「榮町市場」一改白日傳統市場的模樣，一家又一家的居酒屋掀開門簾，顧客們互相吆喝著到來了。不品嚐沖繩當地的蒸餾酒「泡盛」，那就等於根本沒來過，點上一杯，芳醇的香氣帶著蜜糖似的甜意，爽口的質感讓人一下就上癮，會喝的人還可以嘗試熟成三年以上的「古酒」，味道更加醇厚，香氣迷人至極，老闆，再來一杯！今天不醉不歸！

如果不是很能喝，來個「酸食沙瓦」也不錯，「酸食」是沖繩特產的柑橘科植物「シークワーサー」，臺灣稱為「山桔仔」、「酸桔仔」、「山柑仔」等，是一種個頭小巧、酸味強烈的果實，但比起作為水果，更多是應用在調味和飲品製作上，味道酸中帶甜、清爽芬芳，和藍天碧海的沖繩很搭調。

酸食沙瓦滋味酸中帶甜很具南國風味。

喝得酩酊，踉踉蹌蹌地又路過古樸的白牆，園內沉眠般安靜，唯有隱隱約約的蟲鳴，夜風中大樹輕晃著頭，像是微醺，我們小心翼翼地放輕腳步，如一群老鼠窸窸窣窣地溜過牆根，怕驚擾了沐浴在月華中的福州庭園。

趁著酒意，是到了該睡覺的時間了，明天還有明天的旅程呢！

Info

福州園
官方網站

沖繩縣 那霸市

首里城

很遺憾的，首里城在二〇一九年發生火災，建築物幾乎全部燒毀，現在去首里城，只能在首里城公園中四處走動，無法入內參觀，但是散步在頗具琉球情調的石板道上、觀賞周遭的石牆遺構、看看重建中的首里城、理解琉球王國的文化歷史，也還是很值得一遊。

首里城美好的樣貌依然駐足在遊人心裡。

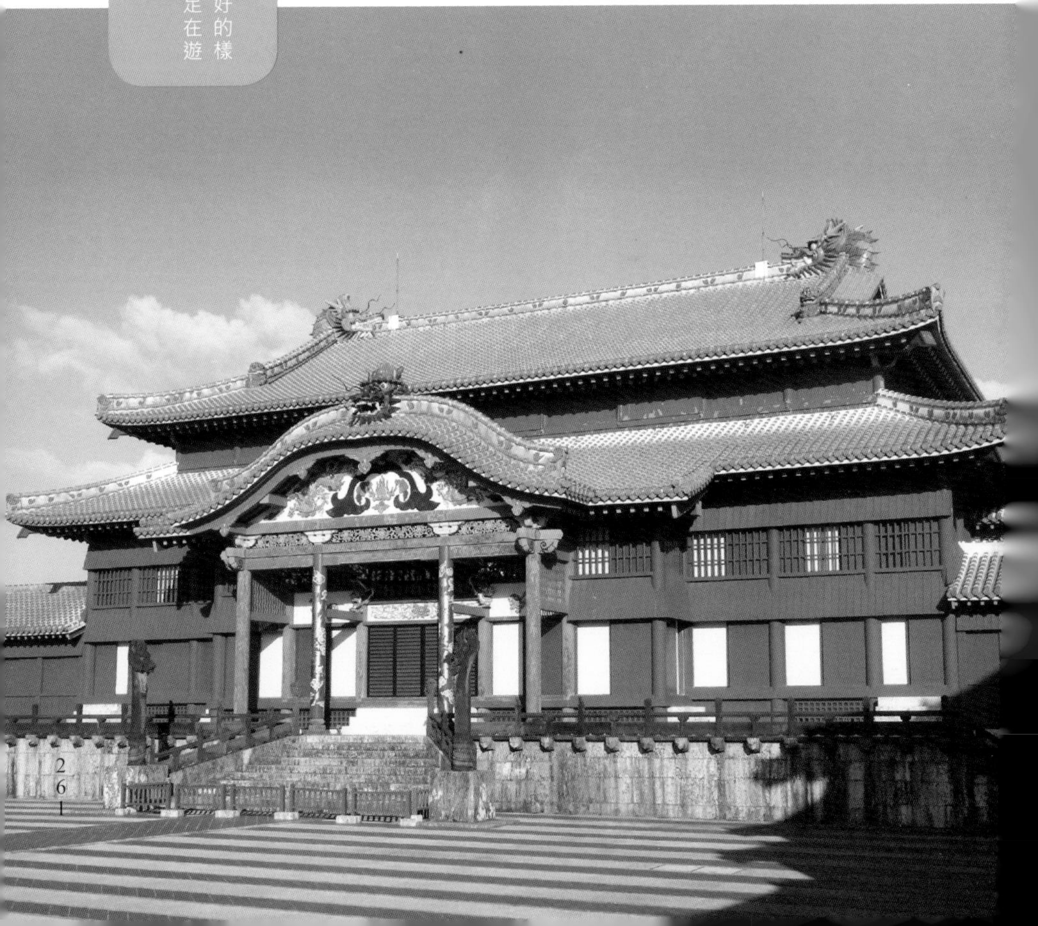

數年前我們旅行到首里城時，建築物還未遭祝融之災，越過石門往山丘上走，晴空之下，首里城氣派堂皇，鮮烈的紅色、如雪的白色、華貴的金色，色彩濃度飽和得富麗華美，真的是金碧輝煌。

首里城是在琉球王國時期，沖繩最大的城，也是當時的王城，由於那霸港是最主要的海外貿易港口，這裡便是琉球王國的政治、經濟重地，帆船進出、百官來朝，首里城的重要性可見一斑。

雖然現在沖繩是日本的領土，但首里城比起日式城堡，受中國的影響更多，外貌近似

沐浴在夕陽餘暉中，可儘情眺望那霸街道。

中式宮殿，但同時身為琉球王國的宗教祭祀之地，保有當地特有的祭壇聖地，中、日、琉球的不同風格互相混合，形成了獨特的建築群，這是放眼世界各地，唯有在沖繩才有的特色。

沿著守禮門、歡會門等城門一路拾級而上，便是通往宮殿的路途，晴朗的時候一定要到展望台，可以眺望那霸的街道，再遠就會看到一望無際的大海，那霸機場的飛機起飛、降落，旅客們滿懷期待地來到沖繩，度過獨一無二的愉快假期，又心滿意足地離開。

夕色如燎原大火般籠罩著整個那霸，橘黃的雲朵環繞斜陽，舞動著最後的光輝，夜幕低垂，首里城點起了燈，在昏暗的夜闌深宵中，炫目的紅色建築群宏偉極了，盡顯一國首都的氣度。

那時的我們讚嘆嚮往，不斷按響快門，如今看著照片不勝唏噓。

不過，這其實不是首里城第一次碰到火災，從十四到二十世紀，首里城被大火燒盡四次，這是第五次，也許這就是木製建築不可逃脫的宿命。十九世紀日本將琉球設置為沖繩縣後，也沒有好好保護這座宮殿，將之當成軍營和校舍使用，木頭結構老朽化嚴重，

一度試圖拆除，是研究沖繩文化的大學教授等人為之奔走，才保下了大部分建築物。

儘管如此，之後的第二次世界大戰中，沖繩作為日本與美國交戰地點，首里城自然也遭到激烈的破壞，戰後無數人投入修復工作，從歷史、建築、美術等各方面考證，花費數十年才成功再建。

首里城是如此多災多難，但在令人絕望的氣氛之中，沖繩的人們沒有選擇放棄，火災過後，光沖繩縣內的捐款就超過日幣十億元，群策群力，首里城的復興如火如荼地開始了，預計再過四年，又能見到那朱紅與雪白色澤鮮艷的美麗宮殿，屹立在沖繩的碧空之下。

建築物只是文化的載體，只要愛著這塊土地的群眾人心凝聚，災難能夠破壞的唯有形貌外殼，卻無法燒毀王國之心的意志與靈魂。

Info

首里城公園
官方網站

沖繩縣 北谷町

美國村

沖繩是一個神奇的地方，受到日本、中國、美國等各個國家的影響，呈現出和日本本島完全不同的多元文化背景，這也反映在觀光景點的創建上，例如「美濱美國村」（美浜アメリカンビレッジ）。由於現在仍有美軍駐紮在沖繩，對於美國的評價相當兩極，但不可否認這同樣是沖繩的一個重要元素，想要體會各方面的沖繩，此類景點也值得一看。

美國村位於北谷町，原本是美軍基地，這一帶的沿海土地在二戰時期被美國佔領，戰後也依然由美軍駐紮，經過沖繩人民數十年的努力抗爭，才歸還了一部分土地。北谷町的這一塊地是美軍機場，擁有集中建設的軍構特性，拿回土地之後，當地政府並未選擇全數拆除，反而利用了美軍建築的風格，重新構建出觀光景點美國村，以吸引想體驗異國風情的本島觀光客，這樣的規劃，不得不說是很聰明，又讓人隱約感到諷刺。

無論如何，美國村是個建設良好的觀光地，有飯店，還有各式各樣的咖啡店、酒吧、餐廳，以及大量販賣美式服飾雜貨的精品店、伴手禮店，如果喜歡逛街，這裡再適合不過。

逛得累了，除了在飲料店或咖啡廳歇腳之外，也可到風景宜人的「夕日沙灘」（サンセットビーチ）享受晴空和海風，當然，既然叫做「夕日」，這裡的夕陽特別有名，向晚時分，茜紅色的天空與大海染成一片，美不勝收。

其餘娛樂設施也應有盡有，例如戲院和音樂展演空間（Live House），甚至是表演餐廳，可以一邊觀賞傳統沖

▼美國村的海景在風和日麗下最宜遊賞。

繩演奏、歌唱、舞蹈表演，同時享用美味的料理。還有一間沖繩出身的版畫家名嘉睦稔的美術館，名嘉睦稔多才多藝，不只版畫，也進行其他美術活動，還會作詞、作曲，甚至設計建築物，美術館的建築就是他本人所設計，不規則的流線型紅瓦屋頂和圓弧白色牆面，像小精靈的家，十分可愛，翹起的屋簷非常具有沖繩情調。

▼睦稔美術館造型別致可愛很吸引人。

美國村的象徵是一座高六十公尺的摩天輪，上去就能眺望建築與海景、夕色和夜晚，入夜之後，摩天輪也會綻放璀璨霓虹燈光，加上房屋和欄杆上的燈飾，繽紛多彩，浪漫極了。

回程的巴士搖搖晃晃，窗外的風景又恢復成熟悉的沖繩，彷彿跨越了國境一般，不過這在沖繩是很常見的事情，根據統計，沖繩有將近十分之一的領土是美軍基地或其關聯建築，慣於與異文化相處的沖繩，比本島更開朗、包容，也許是因為如此，感覺上比起日本其他地區，這裡的外國遊客

▲摩天輪串連周邊建築燈光秀，上演亮眼夜景。

尤其人數眾多。

無論幸或不幸，這也是沖繩的特色之一。

Info

交通方式：從機場或那霸市內可搭乘公車，到「桑江」巴士停下車後徒步約三分鐘。

美國村
官方網站

海軍壕公園

海軍壕公園包括「舊海軍司令部壕」及其周圍的公園，「壕」就是防空洞，看到這種名字就知道不會是一個令人開心的地點，就像很多人去德國觀光時也不會想看看集中營一樣，此類景點評價兩極，即使如此，也有其存在的意義。

我本來也對戰爭遺跡避之唯恐不及，但同行友人非要去，只好妥協，沒想到在停留的民宿說起行程，竟然有不少剛認識的外國友人表示想跟團，於是我們一行國籍各有不同的觀光客就一同上了巴士。

舊海軍司令部壕位於靠近海港的小祿地區，二戰時期，這塊地區到處都是防空洞，又以眺望較佳的高台做為司令部，現今只留下位於地下二十公尺深、總長四百五十公尺的防空洞，是由當時的部隊人工挖掘而成，可以收容四千名士兵，戰後約三十年，經過多次清掃，才復原其中約三百公尺長的通路開放參觀。

從入口陡峭的樓梯往下走，映入眼簾內的是幽暗而複雜的通路，看著一間又一間粗糙的石室，牆上還帶著彈孔，大家的心情都變得沉重，沖繩是二戰中日本唯一發生登陸戰的地方，不只海軍在此覆滅，一般市民也都被捲入戰鬥直至彈盡糧絕，為了拖延在本土決戰的日期，沖繩平民死傷超過十二萬人，比起本島，戰爭在沖繩留下的爪痕尤其血淋淋，這條昏暗的防空洞不過是其中一景罷了。

戰爭結束之後，日本民間反戰意識高漲，無論領導者的功過對錯，戰爭中受害最深的只會是平民，然而平靜的日子過久了，大家又會逐漸忘卻戰場的殘酷與和平的不易，這一類的和平紀念館，正是為了提醒這項重要的事實，而忍痛展

防空洞內部還保留當時的原貌。

示歷史的慘烈傷疤。

從公園展望台眺望，一向萬里無雲的沖繩晴空，今日卻如同我們的心情一樣，陰沉沉的，被大海與綠樹包圍的城市無限美好，為了維護這些，世界上不應該再發生任何不幸的戰爭。

離開展示館，大家也沒有心情吃大餐，在公園附近隨意找了個麵店，沒想到才推門進去，就聽到一個小朋友大喊：

「美國人來了！」

我們這幫才剛看完展覽的多國籍旅行團，對這個詞很是敏感，立刻響起一片「我不是美國人」的多語言澄清。

「不關我的事哈！」我們幾個亞洲面孔泰然自若地坐下。

「也不是我，我是印度人，是在說你吧！金髮碧眼的只有你了。」

「冤枉啊！我是德國人！」

「那確實冤枉，敵情還是軸心國好夥伴啊！」

大家都笑了起來，戰爭結束半世紀，生長在和平時代的我們，終於可以心平氣和地談論起過去。

「這種景點還是太灰暗了，以後去你們德國玩，不只集中營，柏林圍牆我都不想看了。」

「別這麼說，保存歷史很重要啊！不保存這些，我們怎麼記取教訓呢？」

「唉，人類唯一從歷史裡學到的教訓，就是人類不能從歷史裡學到教訓啊！」

「但我其實覺得和平紀念館挺好的，我看完很感動。」

「我也是！有名的『島歌』的作者不也是看了『姬百合平和祈念資料館』，深受感動才寫出歌詞的嗎？」

「島歌！我超喜歡！原來那是講沖繩戰役的嗎？那我也想去看那個資料館！」

「我會唱！島——歌——

喲——」

「魔音傳腦啊！你快閉嘴，我們會被沖繩人打！」

麵店裡響起笑聲，把抑鬱的氣氛一掃而空，和平是難能可貴的，今天的我們都有了深深的體悟，希冀去珍惜和守護。

「刺桐花也凋謝了，只剩下餘波盪漾，

這細微的幸福，就像浪花中的泡沫。

島歌啊，乘著風，與鳥兒一起飛越大海吧！

島歌啊，乘著風，把我的淚水傳達出去吧！」

Info

交通方式：從那霸總站附近的「旭橋」巴士站上車，乘坐到「宇榮原團地前」（宇栄原団地前）巴士站下車，徒步約五分鐘。

海軍壕公園
官方網站

沖繩縣 國頭郡

今歸仁城跡

一月下旬，日本本島還在大雪冰封之中，櫻花前線卻已悄然來到沖繩，與本島溫柔含蓄的粉白色花瓣不同，「琉球寒緋櫻」是濃烈的粉紅，燦爛地在群山之間滿開，提早來臨的春意，便也染上了南國的活潑朝氣，想品味這樣特別的春日，不妨走一趟今歸仁。

今歸仁城又名「北山城」，在琉球王國時代前的十四世紀，沖繩分為北山、中山、南山三個國度，北山城就是北山國王的城堡，十五世紀被中山王打下，琉球成為統一的王國後，都還一直作為軍構使用，直到十七世紀琉球王國被日本九州的薩摩藩佔領，才遭到廢城，如今只留下城壁、石垣和一部分祭祀用建築，雖然如此，從綿延在山坡上的斷垣殘壁，也不難看出當時的壯闊勝景。

今歸仁城是一座依山勢而建、位於高地的山城，視野非

▼遠望北山城牆，可遙想中古世紀的盛景。

常良好，晴天時眺望附近城鎮與大海，風光明媚。石牆迤邐蜿蜒，猶如峰巒起伏的山脈，古樸厚重但不顯斑駁，別有一種舊日歷史的意趣。

春季在夜幕降臨之後，還會進行觀賞夜櫻的點燈秀，光影中的石牆與櫻花夢幻氣氛十足，與白日的春日爛漫又是不同風光。

另外，基本上每天都會有義工嚮導，到售票處報名就能獲得免費導覽，北山城歷史問題複雜，城跡中有很多值得聆聽的細節，有了嚮導的解釋，眼前的風景不再只是風景，因為被賦予故事，而擁有了更深

▼ 從城牆內看海，
天地自在開闊。

刻有趣的內涵。不過櫻花季節由於遊客眾多，如果擔心嚮導不夠，或者是希望節省等待的時間，也能在官方網站上事先預約付費嚮導。

悠閒漫步在城牆上，沖繩晴朗的陽光曬得身體暖烘烘的，遠處的大海波光粼粼，石頭堆砌的牆垣曲線優美，樹木枝枒伸展、草地茂盛蔥鬱，包圍著靜謐的古城，如同博物館中收藏的古老繪畫。

歷史都已是歷史，可供緬懷的唯有城跡。

Info

交通方式：可以從那霸機場或那霸市內乘坐巴士到「今帰仁城跡入口」巴士停下車，因為是急行巴士，中途無須轉車，但下車後還要走十五分鐘上下坡路，雖然一路上海景很美，不過可能自駕比較方便，景點內有可容納約三百輛車的免費停車場。

由於建築在山坡地上，建材又是碎石，比起一般的觀光景點，可能需選擇較容易活動的衣服和鞋子。

今歸仁城跡官方網站

▼ 聽取導覽會對今歸仁歷史有深入的了解。

沖繩縣

沖繩民宿

雖然到處都有民宿，但我確實特別喜歡沖繩的民宿，比起不少把民宿做得像飯店的觀光地，沖繩保留了民宿最大的特徵——這就是當地人民的家，在沖繩住民宿，好像是來到一個不熟的親戚家，與許久沒見面的堂兄弟、表姊妹一起玩一般，十分有趣。

民宿主人演奏沖繩在地音樂，相當有氣氛。

一天的行程結束，回到民宿，沒人會窩在房間，大家都到交誼廳裡聊天，有人纏著老闆認真學習沖繩方言；有人跟家人打通了視訊電話，但身旁坐著的赫然是才剛認識、連語言都不一樣的異國旅客，雙方正試圖比手畫腳溝通意思；有人癱在沙發上看古早的日本動畫電影，不時混合著英文和日文交流觀影心得。

「吃飯囉，今天吃咖哩喔！」民宿主人端出了香噴噴的料理，表情有些緊張，「今天有印度的朋友耶！雖然你們印度才是咖哩的發源地，但我這是日式咖哩，手下留情啊！」

「哼哼，就讓我來鑑賞一下吧！」印度人執起湯匙，吃了一口，「怎麼回事！根本不會辣啊！」

「日式咖哩本來就不會辣啊！」住客們哄堂大笑，「老闆你快想辦法，不要讓印度人失望！」

「怎麼辦怎麼辦——啊我知道了！」老闆把圍裙一扔，興沖沖地衝出廚房，不一會兒捧著一碗個頭嬌小的紅色辣椒進來了，「這是我後院種的島辣椒，配著這個吃如何？」

印度人吃了一口咖哩，又咬了一口生辣椒，面色嚴肅地點點頭，「可以。」

「耶——通過考驗了——」大家又笑了起來，「什麼啊？是會辣就行了嗎？」

老闆感慨地摸摸下巴，「邊吃咖哩邊啃辣椒，第一次看到這種奇景啊！」

「大事不好啦——」隔壁的民宿老闆衝了進來，「救命啊！你們這裡有沒有臺灣人？」

我一臉疑惑地舉手，「我是臺灣人。」

「得救啦！」被兩位老闆架出去，才知道原來是有不會說日文的臺灣旅客預約了隔壁民宿，語言不通的老闆只好來搬救兵。

臨危受命接了翻譯的職位，莫名其妙地一起逛了當地超市、觀賞老闆的琉球傳統樂器三線琴表演，最終報酬是冰淇淋和橘子兩顆，以及第二天的免費景點接送。

雖然每間民宿的風格不盡相同，但都帶著一種活潑開朗的熱情，也許是島嶼居民的樂天風格，讓來住宿的旅客很容易就卸下心防，彼此友好相處。

在沖繩的最後一個晚上，我們停留在那霸的民宿，相處了好幾天的「室友」們，聚在一起為我們餞行。

「喝起來！喝到天亮！」

「我們明天還要搭飛機耶！」

「那就在飛機上睡就好啦！」

在毫無愁緒的歡笑氣氛中，美國人唱了好聽的英文流行歌、德國人展露了精湛的調酒技巧、法國人則教會我新的法文髒話。

「你是臺灣人啊？我還沒去過臺灣耶！」

「歡迎你們來玩，臺灣的東西很好吃喔！」

「那我肯定要去！」

沖繩晴朗的廣闊天空下，我們是萍水相逢的旅行者，但在悠久的時空中，人們短暫的生命光輝，本來就彷彿是旅途，唯有開開心心地向前走，體驗過酸甜苦辣，才能證明自己切實地活著。

日文說「一期一會」，「一期」即是一生；「一會」則是只有一次的相遇。每一場相聚，都是生涯中獨一無二的機會；每一次旅行，都再不會有完全相同的見聞；每一個旅途中遇到的人，都是當下最值得珍惜的朋友，也許有天會在別的國度遇見，也許永遠不再相逢，但這份重要的記憶將會永存，每當想起，都綻放出燦爛的光彩。

毫無疑問，這是旅行最迷人的地方。

▼ 青年旅館的床鋪看
似簡陋，卻很溫馨。

▼ 民宿主人準備了豐
富的聖誕宴會佳餚，
大家都很盡興。

（黏貼處）

沉浸日本之旅：
南日本篇

讀者回函

♥ 為了以更好的面貌再次與您相遇，期盼您說出真實的想法，給我們寶貴意見 ♥

姓名：	性別：□ 男　□ 女	年齡：　　　歲
聯絡電話：（日）　　　　（夜）		
Email：		
通訊地址：□□□-□□		
學歷：□ 國中以下 □ 高中 □ 專科 □ 大學 □ 研究所 □ 研究所以上		
職稱：□ 學生 □ 家庭主婦 □ 職員 □ 中高階主管 □ 經營者 □ 其他：＿＿＿＿		

● 購買本書的原因是？

□ 興趣使然 □ 工作需求 □ 排版設計很棒 □ 主題吸引 □ 喜歡作者

□ 喜歡出版社 □ 活動折扣 □ 親友推薦 □ 送禮

□ 其他：＿＿＿＿＿＿＿＿

● 跟我們說說話吧～想說什麼都可以哦！

□□□-□□

寄件人 地址：

姓名：

廣	告	回	信
免	貼	郵	票
三重郵局登記證			
三重廣字第 0751 號			

平 信

24253 新北市新莊區化成路 293 巷 32 號

上優文化事業有限公司 收
(優品)

沉浸日本之旅：
南日本篇

讀者回函

（請沿此虛線對折寄回）

優品文化事業有限公司
電話：(02)8521-2523
傳真：(02)8521-6206
信箱：8521service @ gmail.com

上優好書網　FB 粉絲專頁　YouTube 頻道

Walker 03

沉浸日本之旅：南日本篇

國家圖書館出版品預行編目 (CIP) 資料

沉浸日本之旅 : 南日本篇 / 吳寧真著 . -- 一版 .
-- 新北市 : 優品文化事業有限公司 , 2024.01
288 面 ;14.8x21 公分 . -- (Walker ; 3)

ISBN 978-986-5481-48-3(平裝)

1.CST: 旅遊 2.CST: 日本

731.9 112020451

作　　者　吳寧真
總 編 輯　薛永年
美術總監　馬慧琪
文字編輯　蔡欣容
出 版 者　優品文化事業有限公司
電話：(02)8521-2523
傳真：(02)8521-6206
Email：8521service@gmail.com
（如有任何疑問請聯絡此信箱洽詢）
網站：www.8521book.com.tw
部分照片提供　PIXTA
印　　刷　鴻嘉彩藝印刷股份有限公司
業務副總　林啟瑞 0988-558-575
總 經 銷　大和書報圖書股份有限公司
新北市新莊區五工五路 2 號
電話：(02)8990-2588
傳真：(02)2299-7900
網路書店　www.books.com.tw 博客來網路書店
版　　次　2024 年 1 月
定　　價　350 元

上優好書網　LINE 官方帳號　Facebook 粉絲專頁　YouTube 頻道